KB248443

지속가능한 한반도 평화를 향하여

NCCK 북시리즈 004

지속가능한 한반도 평화를 향하여

Toward Sustainable Peace in the Korean Peninsula

서보혁 · 나핵집 지음

동연

2016년 북한의 4차 핵실험과 위성발사로 UN 안보리가 강력한 대북제재를 결의하였고, 우리정부는 이에 더해 개성공단을 폐쇄와 더불어 독자적 대북제재를 시행하며 모든 남북간 교류와 협력이 단절되었습니다.

지난한 분단의 세월을 지내오면서 한반도는 열강들의 패권경쟁의 각축장이 되었으며, 끊임없는 정치, 군사적 대립으로 국민의 생명과 안전이 위협받고 있습니다. 안보라는 미명하에 국민의 자유와 권리를 억압하고, 군사문화가 사회 일상을 지배하면서 갈등과 폭력이 자연스럽게 용인되고 있으며 이로 인해 온갖 사회적 문제가 발생하고 있습니다.

이 책을 통해 한반도의 평화정착을 위한 사회적 논의가 촉

발되기를 바랍니다. 교회 역시 평화를 위하여 일하는 자는 복이 있다는 그리스도의 가르침을 따라 평화와 화해의 대리자로서 사회적 역할을 마땅히 감당할 수 있기를 바랍니다.

이 책이 나오기까지 수고해주신 저자 서보혁 박사님과 나핵집 목사님께 감사드립니다. 또한 이 책을 출판해주신 도서출판 동연 대표님과 관계자 여러분께 감사드립니다. 하나님의 평화가 여러분 모두에게 충만하시기를 바랍니다.

한국기독교교회협의회

총무 김영주

머 리 말

한국기독교교회협의회는 수십 년 동안 분단을 극복하고 평화를 일구어내기 위해 많은 노력을 해왔다. 근래 들어서는 그 유력한 방법으로 정전협정을 평화조약으로 전환시키려는 노력을 국내외 교회와 전개하고 있다.

2016년 4월 현재, 한반도는 일촉즉발의 전쟁위험을 겪고 있다. 이런 상태가 곧 사라지지 않고 지속될 것이라는 점이 더 심각한 문제다. 분단과 전쟁에 책임이 있는 국가들이 역사적 책임을 망각하고 편을 갈라 서로 적대하고 압박하고 제재하고, 심지어 전쟁 준비에 나서고 있다. 거기에 평화와 통일의 직접 당사자인 남북의 최고 지도자들마저 상호 비방과 전쟁 분위기를 조성하고 있다. 한반도만큼 평화가 절실한 곳이 어디 있을까? 미국이 쿠바와 다시 관계를 정상화 하고 오바마 대통령이 88년만에 쿠바를 방문하였다. 이런 일이 한반도에서는 일어날 수 없을까? 그렇게 되도록 우리 겨레가, 남한의 정부와 온 국민이, 특히 한국교회가 준비해왔는지 성찰할 일이다.

전쟁 분위기가 일상이 되어 가는 상황에서 통일은 물 건너 간 것인가? 지속가능한 평화도 물 건너 간 것인가? 그렇다면 상호공멸을 가져올 한반도 전역의 핵무장이 불가피한가? 평화조약 체결로 공존하며 점진적인 통일을 준비하는 게 최선의 길이 아닐까? 남과 북의 크리스천은 어떤 전략을 갖고 지속가능한 평화를 만들어갈 수 있을까? 남과 북이 계속해서 증오를 증가시키고, 강대국에게 종속되어 서로 멸망시키려고 하면 결국 한민족은 실종될 것이다. 이스라엘이 지구상에서 없어졌던 것을 보라.

이 책이 분단이 오래 지속되는 현상을 이해할 뿐만 아니라 이 땅에 항구적인 평화를 가져올 희망을 보여주고 거기에 한국교회가 할 일을 제시하는데 일조하기를 기대한다.

노정선

(한국기독교교회협의회 화해 · 통일위원장)

차 례

1장

여는 글: 평화와 통일에 선후가 있을까?

이 책을 읽는 모든분들께 주님의 평화가 함께 하길 기원한
다. 남북을 가리지 않고 우리 민족 전체, 그리고 이주민과 난
민을 포함해 한반도에 살고 있는 모든 사람들에게도 주님의
평화를 기원한다. 이 기도에는 우리 모두가 서로 미워하고 불
안한 가운데 살고 있음을 고백하고 주님께 참 평화를 달라고
애원하는 간절함이 담겨 있다.

인간이 만든 우상들 중 권력, 이념, 자본이 각각 금·은·
동메달을 차지할 것이다. 전쟁을 거친 분단 70여 년은 한편으
로 이들 우상을 완전히 지배하려는 분단 기득권 세력들의 권
력 투쟁의 시간이자, 다른 한편으로는 주님의 인도 아래 불쌍
한 겨레의 민초들이 평화와 통일을 일구어나간 각고의 시간이
었다. 두 분단 권력은 외세를 등에 업고 분단을 정당화하고 그
것도 모자라 동족을 죽이고 미워하는 범죄를 자행하였다. 분

단이 확정된 후에는 통일을 내세워 민주주의와 인권을 억압하고 성장을 내세워 대중을 동원하였다. 분단 이후 남북은 상대보다 우월해야 한다는 강박관념에 사로잡혀 체제경쟁에 나섰으니 남북 간 체제경쟁은 선 건설, 후 통일을 구호로, 저임금에 기초한 산업화 정책을 본질로 한 것이었다. 체제경쟁은 상대를 이기기 위해 상대와 똑같은 방식의 통치 방식과 성장 전략을 취했으니 둘은 적대적 공생 혹은 적대적 상호의존의 관계에 있었다. 이때 통일은 상대를 향해서는 자기 체제의 확장이고 대내적으로는 권력이 전개한 통치 전략의 일부로 기능하였다. 그러나 이런 통일론은 민주주의를 억압하고 상대와의 공존, 협력을 부정하는 것이다. 2000년대 들어 두 차례의 남북정상회담에 즈음한 짧은 시기를 제외하고 남북한 정권의 통일론은 권위주의적이고 일방주의적인 논의였다. 이런 통일이 가능할까, 또 필요할까 의문이 든다. 오히려 분단 하에서의 평화공존이 더 타당하지 않을까?

냉전 붕괴 이후 국제 질서는 남북한에 각각 나르세 영향을 미쳤다. 동구 사회주의 진영의 몰락을 동반한 냉전 붕괴가 일어났으니 이후 북한은 체제 생존의 위기에 직면했다. 반면에 남한은 체제 우위를 입증하는 듯했다. 유리한 입장에 선 남한에서는 통일론이 꽃을 피웠는데 크게 보아 급진적인 흡수통일론과 점진적인 합의통일론이 경쟁하였다. 불리해진 북한은 적대관계에 있던 한·미·일과의 관계 개선을 취하는 한편, 여의치 않을 경우에 대비해 핵무장 옵션(option)도 추구하고 있었다. 물론 북한의 핵무장 여부는 남북관계보다는 북미관계가 일차 변수로 작용한다. 아무튼 남북이 각각 두 개씩 취할 수 있는 옵션이 만들어내는 네 가지 시나리오(scenario)가 남북관계와 한반도 정세를 규정한다.

남북한 정권의 통일정책을 위 틀에 대입해보면 해당 시기 남북관계와 한반도 정세를 파악할 수 있다. 가령, 박근혜, 김정은 정권 시기 남북관계는 최악, 한반도 정세는 위험으로 규정할 수 있다. 남의 흡수통일론과 북의 핵무장론이 결합한 결과다. 박근혜정부는 처음 대북정책의 핵심 개념으로 '신뢰 프로세스'를 제시하며 통일 준비를 주창하다가 2015년 말부터 통일을 북한 체제의 변화 혹은 붕괴와 공개적으로 연관 짓기 시작하더니 2016년 들어서는 진격, 참수, 선제공격 등 더욱 공격적인 언사를 내놓고 있다. 김정은 정권은 남북 합의 이행,

정상회담 용의를 밝히더니 3~4차 핵실험을 감행하고 '경제·핵 병진노선'을 천명하면서 남한과 미국에 '핵전쟁 불사'로 나오고 있다. 북한의 핵무장력 강화에 맞서 한미 양국은 대북 억지력 강화를 명분으로 재래식 전력은 물론 핵전력 강화와 탄도 미사일 요격 시스템 도입을 공론화하고 있다. 작금의 한반도는 중단 없는 군비 경쟁의 소용돌이에 빠져들었는데, △ 그 주역은 두 분단정권과 주변 국가들, △ 그 성격은 상호불신에 바탕을 둔 새로운 체제경쟁, △ 그 영향은 대중의 불안과 영구 분단의 위험성 증대다.

이제 통일은 저 멀리 달아났거나 체제 대결의 도구로 전락하였다. 평화는 더 멀리 달아나고 있는데, 적대와 무력으로 안보를 달성할 수 있다는 주장이 권력으로부터 나오고 있다. "평화를 원하거든 전쟁을 준비하라!" 통일이 권력의 통치 수단이나 체제경쟁의 명분으로 쓰인다고 해서 평화공존을 생각해 보았는데, 평화도 권력의 손아귀에서 벗어나지 못하고 있다. 통일도 평화도 모두 권력 정치의 도구다. 그러나 다른 한편, 분단 이후 한반도 역사는 평화통일을 갈구하며 일구어온 시간이기도 하다. 교회는 분단을 정당화하고 지속해온 것에 대해 죄책 고백하는 일과 하나님의 공의와 자비로 만들어질 평화통일을 기도해왔다. 그러나 더 성찰하고 더 합당한 길을 찾아 나서야 함을 고백한다. 이 책은 그런 고민의 일단이다.

평화가 우선인가, 통일이 우선인가? 이 책은 우문 같은 이 질문에 대한 답을 찾아가고 있다. 통일과 평화를 나누어 생각할 수 있는지 여부는 분단이 어떻게 이루어졌는지를 되돌아보면 그 답이 보일 수 있다. 분단을 민족분단으로만 생각할 수 있는가? 분단이 평화적으로 이루어졌는가? 또 분단이 이렇게 오래 지속되는 이유가 무엇인가? 거기에 안보문제를 정략적으로 이용하려는 권력욕은 없는가? 안보는 상대에 대한 적대는 물론 심지어 내부 구성원에 대한 불신과 감시도 포함한다. 그런 안보는 대개 평화로 둔갑하기도 하고 권위주의 통치를 정당화 하는데 이용되기도 한다. 제2장은 분단정전체제를 역사적으로 회고할 뿐만 아니라 평화와 인권의 시각에서 재평가하였다. 분단정전체제는 분단이 전쟁을 통해 확정되었고 그 이후 분단과 정전체제가 상호작용하며 한반도의 비평화 구조를 만들어왔음을 부각시키는 개념이다. 제3장에서는 분단정전체제가 남북 간 대결만이 아니라 남북한 사회와 동아시아 국제정치 차원에서도 운동하는 복합 구조임을 규명하고 있다. 그 결과 분단정전체제의 속성을 도출하고 그 극복 방향으로서 평화와 통일이 상호 보완하는 관계에 있음을 이해할 수 있을 것이다.

　제2~3장에서 분단정전체제의 어제와 오늘에 대한 역사 구조적 이해를 구한다면, 제4장에서는 평화통일■의 관점에서 지난 시간 남북한 정부의 통일정책과 교회 통일운동을 회고하고 그로부터 성찰의 기회를 갖고자 한다. 그에 바탕을 두고 제5장에서는 평화통일을 달성하는 길을 접근 원칙, 평화 정착 과제, 포괄 접근 방향 등으로 나누어 자세하게 살펴볼 것이다. 이를 위해 남북한 간의 기존 합의와 교회의 주요 통일 문서를 활용하였고, 특히 정부 차원의 통일 논의를 비판적으로 검토하였다. 제6장에서는 한반도에 지속가능한 평화(sustainable peace)를 달성하기 위해서 필요한 최대 과제인 평화 체제 구상을 논의하고 있다. 평화 체제는 다양한 측면으로 구성될 수 있는데, 이 장에서는 평화소약을 중요하게 간주해

■ 이 책에서 평화통일은 평화적 수단에 의한 통일과 평화와 통일, 두 가지 의미로 혼용하고 있다.

평화조약 체결의 필요성, 체결 당사자, 조약의 내용을 다루고
있다. 본문에서 평화조약은 국제법적인 측면만이 아니라, 한
국전쟁의 완전한 종식이 이루어지지 않고 북핵문제가 악화되
어 있는 국제정치적 현실도 반영해 검토하였음을 밝혀둔다.
이상의 논의를 정리하며 결론에서는 한국교회가 평화의 사도
로서 갖는 사명과 자세를 밝히고 있다.▪

오늘날 한국교회는 안팎으로 많은 도전에 직면해있다. 교
회 성장, 시대변화를 선도하는 신학과 목회, 사회와 함께하는
사회선교, 그리고 민족의 과제인 평화통일 등등의 과제가 그
것이다. 목회자, 신학자만이 아니라 평신도, 나아가 교회 밖에
서도 우려의 시선으로 보고 있다. 남북관계가 민족 동질성 회
복 차원만의 문제가 아니듯이, 교회 통일운동도 한국교회의
성장 이상의 의미가 있다.

사회에서는 남북대화가 중단되고 교류와 지원이 끊기는
상황을 보고 남북관계의 다각적인 의미를 다시 생각하는 논의
가 일고 있다.

▪ 이 책의 제1~6장은 서보혁 교수, 제7장은 나핵집 목사가 각각 집필했다.

남북관계는 민족 동질성 회복은 물론, 북한 주민의 생존권 지원, 남북의 상생, 한국경제의 신 성장 동력 확보, 동북아 평화 번영 견인 등 많은 의의를 갖고 있다. 마찬가지로 교회의 평화통일 선교도 그 자체의 의미는 물론 위와 같은 한국교회의 도전 요소들을 극복하는데도 긍정적으로 작용할 것이다. 다만, 교회통일운동은 전체 평화통일운동과 함께할 일과 교회가 감당할 일을 선별하고 이 둘을 조화시키는 지혜가 요청된다. 이 책에서는 그 둘을 연결 짓는 이슈로 평화조약 체결 운동을 제안하고 있다.

2장

분단정전체제의 형성

1. 분단의 형성

1945년 8월 15일 일본 제국주의 세력의 식민통치가 종식
되면서 한국(조선)은 해방됐다. 그러나 통일독립국가는 수립
되지 못하고 남북으로 갈라지는 일이 벌어지기 시작했다. 민
족은 해방됐으나 단일 민족국가로 독립하지 못했던 것이다.
왜일까? 여기에는 크게 두 가지 학설이 경쟁하고 있다.

하나는 외인론(外因論)이다. 분단의 원인을 외세와 국제
질서에서 찾는 학설이다. 역사적 사실에 있어서 외인론이 내
인론(內因論)보다 설명력이 더 커 보일 수 있다. 외인론은 일
본 제국주의 세력의 패망 과정에 주목한다. 일제의 패망은 미
국을 비롯한 연합국 세력의 빛나는 승리와 식민통치를 당하던
나라의 피역압 민중들의 저항이 합쳐져 이루어진 것이다. 그

렇지만 그 결정적인 계기는 미군이 8월 6일과 9일 히로시마와 나가사키에 투하한 세계 최초의 원자폭탄의 파괴력이었다. 미국의 원폭 투하는 전세가 이미 기울어진 상태에서 이루어진 것이어서 논란을 불러일으켰다. 전략론의 측면에서 볼 때는 전쟁 피해자를 줄이려는 차악의 선택이라는 주장인데 트루먼 행정부를 옹호하는 입장이다. 그러나 비판적 시각에서는 소련 공산주의가 아시아·태평양 지역으로 팽창하는 것을 미국이 저지하려는 목적이 컸다고 주장한다. 이 주장은 8·15 해방 이후~한국전쟁 발발 사이 미 행정부가 극동 안보선으로부터 한반도를 제외한 점과 연관되어 지금까지 논란이 이어지고 있다. 국민당과 공산당이 겨루는 중국에서의 내전도 녹록지 않은 상황이었다. 카이로회담, 포츠담회담 등 미국, 소련, 영국 등 주요 강대국 수뇌들이 가진 몇 차례의 회동에서 한반도 독립이 언급되었지만 그 비중은 다른 지역의 문제보다는 낮아 보였다. 외인론에 따르면 분단은 태평양전쟁 이후 서서히, 그러나 분명하게 드러나기 시작한 이 지역에서의 냉전체제 확립을 둘러싼 미소 간 경쟁의 결과라 할 수 있다. 미국은 적대국이었던 일본과의 전쟁을 조속히 결판내고 일본 열도를 최후 방어선으로 하되, 한반도를 분단시켜 소련과의 대결의 완충지대로 삼은 것이다. 결국 한반도 분단은 미국이 구상하였고 소련이 받아들여 이루어진 것이다.

분단을 설명하는 또 다른 학설은 내인론이다. 내인론은 해방 직후 민족 내부의 분열과 갈등을 분단의 제일 원인으로 꼽는 입장이다. 외세의 영향력은 민족 내부의 반응에 따라 통제 가능했다는 입장이다. 해방에 즈음해 소련군과 미군이 남북한 지역에 진주했지만 그것은 일본군의 무장해제가 목적이었기 때문에 그 자체가 분단은 아니었다는 것이다. 그보다는 남북한 양 지역에 분단정권을 수립하려는 세력이 통일독립국가를 수립하려는 세력보다 힘이 더 컸다는 점이 문제였다. 김일성과 이승만은 소련과 미국을 등에 업고 단독 정권 수립을 획책했다. 미소공동위원회에서 논의된 일정 기간의 신탁통치 후 독립국가 수립안은 민족주의 정서를 자극했다. 여기에 소련의 사주를 받은 북측은 찬탁으로 입장을 바꿔 분단의 길을 재촉했다. 미국과 소련은 정말 한민족에게 신탁통치 후 통일독립국가 수립의 길을 열어주려 했을까, 아니면 처음부터 분단을 구상했을까? 김일성은 소련과 중국의 묵인, 방조에 힘입어 무력에 의한 통일을 준비했고, 이승만 세력은 좌우합작에 의한 통일 협상을 추진하던 세력을 물리치고 단독정부 수립의 길로 들어갔다. 물론 남북의 분열 뒤에는 미국과 소련이 있었고, 그들 사이의 냉전체제경쟁이 한반도에 흘러들어와 이념에 의한 동족상잔의 분위기가 조성되기 시작했다. 당시 한민족이 분단 세력을 고립시키고 좌우합작에 의해 통일독립국가를 수립한다고 총의를 모았다면 분단을 막을 수 있었을까? 외인론은 이 질문에 부정적이고, 내인론은 그럴 가능성을 열어놓고 있다.

분단의 형성과 분단의 지속은 구별해 살펴볼 필요가 있다. 이상의 논의는 분단의 형성 원인에 관한 것이다. 두 학설을 종합할 때 분단의 형성은 거시적으로는 외세의 영향이 컸다고 할 수 있다. 다만, 민족 분열로 분단이 쉽고 빨리, 그리고 폭력적인 방식으로 일어났다고 말할 수 있다.

1948년 8~9월, 해방을 맞은 지 3년 만에 5천 년 단일민족의 신화는 깨졌다. 그리고 남북은 분단을 굳히는 돌이킬 수 없는 피의 대지로 내달려갔다. 1948년 8월 15일 대한민국 정부 선포, 9월 9일 조선민주주의인민공화국 정부 선포는 단지 민족 분단의 확정만이 아니었다. 두 차례의 대량 살상 이후 조성된 냉전이라는 인류 초유의 분단체제에 한반도의 분단이 편입된 것이다. 유럽에서 시작된 세계 냉전체제는 한반도가 분단되면서 최종 확립된 것이다. 이로써 남북은 체제경쟁의 길로 뛰어들었다. 미국과 소련이 만들어낸 대결의 틀에 들어가 동족 간 대결과 적대를 시작한 것이다. 오랜 세월 민족의 단일성을 버리고 설익은 이념의 우월성을 앞세우면서…….

분단으로 체제경쟁에 나선 남북은 자신의 존재 정당성을 상대를 부정하면서 내세웠다. 이때 남북은 분단 정권과 그 지지 세력을 말한다. 이들은 분단체제 하에서 기득권을 유지해 갔기에 '분단 기득권세력'이라고 부를 수 있다. 양측의 분단 기득권세력이 체제경쟁을 하는 데는 상대방을 부정하는 것만으로는 부족했다. 특히 대중으로부터 권력 정당성을 획득하기 위해서는 상대방보다 더 낫다는 점을 보여주어야만 했다. 정권은 경제 성장, 산업화, 현대화를 강조하는 각종 선전 구호를 만들어냈고 실제로 성장의 현장에 대중을 동원해냈다. 대신 자유와 인권은 유보당하거나 억압당했다. 남북의 체제경쟁은 현상적으로는 이념과 체제의 차이로 달라 보였지만 본질적으로는 같았다. "급속한 성장을 만들어내 체제 우위를 증명하라!" 이를 위해 두 분단정권은 미국과 소련의 지지와 지원을 극대화하는데 힘썼고, 미국과 소련은 그 대가로 남북을 극동 지역 냉전의 첨병으로 삼았다.

분단은 체제경쟁과 함께 통일지상주의를 만들어냈다. 두 분단 정권은 분단 이후 통일을 외치는 역설을 태연하게 드러낸다. 통일을 준비하자며 아껴 쓰자, 정부를 믿어라, 반통일세력을 적발하자, 군비를 증강하자고 선전해댔다. 분단정권의 통일 담론은 이처럼 통일을 위해 다른 가치와 목표를 유보하며 인간의 존엄을 무시했다. 또 통일 논의를 정권이 주도함으로써 정권과 다른 통일 논의를 억압했다. 분단정권이 만들어낸 통일지상주의는 민족주의 정서에 편승해 민족문제의 정략적 이용을 정당화했다. 민족문제를 정권이 독점하고 다양한 통일 논의를 체제와 이념의 틀에 가두어버렸다.

2. 분단과 전쟁의 반인권성

　분단과, 분단을 확정한 전쟁이 조국 강토를 피로 물들이고 민족 구성원들에게 돌이킬 수 없는 피해와 원한을 가져다준 것은 널리 알려진 사실이다. 그러나 전쟁을 겪지 않은 세대가 늘어가고 있고, 심지어는 전쟁 세대 가운데서도 전쟁의 잔학상을 잊고 호전적인 태도를 보이는 경우를 보게 된다. 분단과 전쟁이 비록 이념에 의해 비롯됐지만 그 결과 인간의 존엄과 인간다운 삶이 송두리째 빼앗겨 버렸다. 이런 대규모 반인권적인 결과를 구체적인 숫자와 형태로 다시금 새겨보는 것은 의미 있는 일이다. 그동안 많은 정부 관련 문서와 학자들에 의해 분단과 전쟁이 한민족에게 가져다준 반인권적이고 반인도적 영향이 알려져 왔다. 최근 들어서도 관련 자료와 기존 연구를 종합한 연구가 이어지고 있다.[■] 분단과 전쟁으로 수많은 생명이 사라졌고 살아남은 사람도 부상을 당하거나 가족과 헤어지거나 삶의 위치와 형태를 강제로 바꿔야 했다. 이들의 얼

■ 아래 서술은 김병로 외,『한반도 분단과 평화부재의 삶』(파주: 아카넷, 2013), pp. 23~27.

굴도 단일하지 않았다. 월남인, 월북인, 납북자, 국군포로, 비전향장기수, 해외동포, 탈북자 그리고 간첩 등 분단정전체제의 희생자들 군상도 다양했다. 이들이 모두 외세와 분단 세력이 만들어낸 일그러진 얼굴들이다.

분단 이후 북한 지역에서 1946~47년, 1950~51년 두 차례에 걸쳐 대규모 남한 이주가 이루어졌다. 8·15 해방 전후와 한국전쟁 기간 중 북한 지역에 있던 사람들 중 얼마나 많은 인구가 남한으로 이주했는지는 정확히 파악되지 않는다. 일반적으로 해방 후부터 한국전쟁 발발 이전까지 350만 명이 월남하였고, 전쟁 기간 중에는 100만 명이 추가 월남해 총 500만 명 가까이 남한으로 이주한 것으로 보고 있다. 그 원인으로 공산정권에 의한 억압을 비롯해 토지개혁과 가족의 결합 등 몇 가지 요인들이 꼽힌다. 그러나 위와 같은 월남인 규모 추정은 다소 과장된 것으로 보이며, 학자들은 월남인 인구를 65만 명 혹은 100만 명 정도로 추산한다. 대개 1950년에 일어난 한국전쟁에서 1명의 난민이 3~4명의 이산가족을 민들어냈다고 본다면, 해방 이후부터 전쟁까지 8년 동안 월남인과 월북인 150만 명에 3, 4를 곱해 약 450만~600만 명으로 이산가족을 추정하는 것도 가능하다. 이는 1950년 당시 남북 총인구 3천여만 명의 15~20%에 이르는 엄청난 규모다.

전쟁 이후 분단이 고착화되어 갔다. 그 과정에서 여러 유형의 이산가족이 발생했다. 정전협정 협상에서 합의한 포로송환 원칙이 있었지만, 이승만 대통령의 반공포로 석방에 따라 북으로 송환되지 못한 포로 8만 명과 유가족들은 이산가족으로 남한에 남게 되었다. 또 미송환 되어 북한에 남은 국군포로 1만9천 명도 마찬가지다. 그 뒤로 분단이 지속되면서 남북은 총성 없는 전쟁을 지속하였다. 체제경쟁의 희생양이자 새로운 이산가족이 나타났다. 간첩이 그들이다. 국가정보원 과거사진실규명을통한발전위원회의 발표에 따르면 1951년부터 1996년까지 검거된 남파간첩은 모두 4,495명이다. 또 남한이 보낸 북파간첩은 정보사 요원만 보더라도 생환자를 포함해 1만 1,273명이라고 한다. 이와 달리 북한은 전쟁 당시 정계, 학계 등 각계 저명인사들을 북한으로 데리고 갔으며, 전쟁 이후에도 KAL기 납치 등 기타 사고로 인한 이산가족을 만들어 냈으니 1955년에서 1995년까지 납북된 사람이 442명으로 이들의 가족이 납북 이산가족이다. 이들은 오랜 기간 '빨갱이

가족'으로 낙인이 찍혀 정상적인 사회생활이 어려웠다. 월북인 가족을 이산가족 범주에 넣어 상봉에 참여한 것은 그리 오래되지 않았다.

3년여에 걸친 한국전쟁은 남과 북에 엄청난 고통을 안기며 수많은 인명의 희생을 초래했다. 200만 명이라는 엄청난 인명 살상이 일어났고 수많은 부상자와 전쟁고아, 과부를 양산했다. 전쟁으로 야기된 손실은 남과 북에서 모두 발생했으나 남한과 비교할 때 북한의 인명 손실이 더 컸다. 남한의 피해 규모에 대한 평가는 일치하지 않지만 대략 사망자와 실종자가 군인 27만8천 명, 민간인 57만4천 명(월북인 포함)으로 총 85만 3천여 명이며, 부상자는 군인 70만9천 명, 민간인 23만여 명을 포함해 총 111만5천 명이다. 사망자와 실종자 등 직접적인 인적 손실은 85만 명이며 많게 보는 사람들도 100만 명 정도로 평가한다. 당시 남한의 인구가 2천만 명이었으니 전쟁으로 입은 인적 피해는 전체 인구의 5%에 해당한다. 북한은 전쟁 직전 960만 인구 중 120만의 인명 피해를 보았으니 남한보다 3~4배의 피해를 입었다. 그 원인은 미군의 무차별 폭격에 의한 것으로 평가된다.■

탈북자는 북한에서의 심각한 식량 부족, 자유의 부재, 그리고 외부정보 유입에 따라, 식량난 해소와 보다 인간답게 살고자 하는 욕구 등으로 인해 계속해서 발생하고 있다. 탈북자들은 대부분 단신이나 일부 가족 단위로 탈북하는데, 이들은 '신형 이산가족'으로 불리기도 한다. 이들 대부분은 중국 등 제3국을 거쳐 남한에 입국해 정착을 위해 노력하고 있다. 남한에 입국한 탈북자는 2016년 3월 현재 2만9천 명을 넘어섰고 이들 중 70%가 여성이다. 극히 일부 탈북자들은 미국, 유럽 등지에 들어가 정착을 시도하고 있다. 먼저 탈북한 사람들은 남은 가족을 그리워하며 우울증에 걸리는 경우도 있다. 이들은 북에 있는 가족의 생활비를 보태거나 남은 가족의 탈북을 준비하며 남한 자본주의사회에 적응하려고 힘쓰고 있다.

이렇게 다양한 배경과 유형의 이산가족을 '분단 디아스포라(diaspora)'라고 부를 수도 있을 것이다. 한때 1천만 이산가족이라 할 정도로 많던 이산가족은 시간이 지남에 따라 많은 분들이 유명을 달리하였고, 앞으로 10~20년이 지나면 1세

■ 이에 대한 상세한 내용은 김태우, 『폭격: 미공군의 공중폭격 기록으로 읽는 한국전쟁』(파주: 창비, 2013)을 참조.

대 이산가족은 거의 사라질 전망이다. 2015년 8월 현재 정부에 이산가족 찾기를 신청한 사람은 13만여 명, 이 가운데 6만 3천여 명은 이미 세상을 떠났다. 그런데도 분단 정권은 인도적 문제를 정치적 사안과 연계지어 이산가족의 한을 풀어주지 못하고 있다. 한국교회는 1988년 이후 이산가족 상봉과 같은 인도적 문제는 무조건성의 원칙에 따라 최우선적으로 해결해야 한다는 입장을 누차 밝혀왔다. 그래서 정부도 원칙적으로 이런 입장을 수용하고 있으나, 현실에서는 일관된 태도를 취하지 않고 있다.

이처럼 분단과 전쟁, 그 결과로서 분단정전체제는 대규모의 인권 침해를 초래하고 민족의 자결권과 생존권을 심각하게 저해하고 있다. 그런 상태에서 두 분단 정권이 인권문제를 소재로 상대를 비방하고 내부 주민들의 인권을 억압하는 것은 민족 구성원들에게 이중 삼중의 인권 침해를 가하는 일이다. 그러므로 남북의 인권 신장 노력은 남북 주민들 개개인의 인권은 물론 분단과 전쟁의 희생자들이 겪은 고통을 치유하는 일을 포함해 전개해야 할 것이다. 궁극적으로 한반도 모든 거주민들의 인권은 분단정전체제를 극복하지 않고는 불가능한 일이다.

3. 비평화 구조로서 분단정전체제

그동안 우리는 분단체제, 정전체제, 이렇게 나누어 말해왔다. 분단체제는 민족이 남북으로 서로 달리 살아오며 적대하고 증오해 온 세월이 굳어진 결과와 그런 과정을 말한다. 정전체제는 3년여 동안의 동족상잔의 전쟁을 (종식한 것이 아니라) 중단한 후 155마일 군사분계선을 경계로 불안한 평화를 유지해 오고 있는 물리적 대치 상태를 말한다. 그러나 이 둘은 별개로 존재하는 것이 아니라 동전의 양면과 같다. 한반도가 동전이라면 그 양면이 분단체제와 정전체제다. 그 둘이 별개가 아니라는 것은 분단체제와 정전체제가 상호의존하고 있기 때문이다. 분단체제는 전쟁을 통해 굳어졌고 정전체제는 분단으로 지속되고 있다. 이런 현실을 넘어서는 미래 전망에 있어서도 분단과 정전은 한 몸으로 움직이니 분단·정전의 바람직한 미래는 통일·평화다. 물론 자신이 말하고자 하는 점을 한정해 말하고자 할 때 분단체제 혹은 정전체제를 선택해 말할 수 있을 것이다. 그렇지만 오늘날 한반도의 현실을 본질적이고 종합적으로 말할 때는 '분단정전체제'라 부르는 것이 타당할 것이다.

그럼 분단정전체제가 '비평화 구조'라는 말은 무슨 말인가? 한국 사람들은 평화를 전쟁이 없는 상태로 인식하는 게 일반적이다. 아니 국적을 불문하고 많은 사람들이 그렇게 생각할 것이다. 더구나 전쟁을 겪었고 전쟁의 위험이 도사리고 있는 한반도에서 평화를 그렇게 생각하는 게 무리는 아니다. 평화학에서 그런 평화를 '소극적 평화(negative peace)'라고 부른다. 그럼 그와 다른 평화가 있다는 말인가? 그렇다. 그럼 소극적 평화의 반대말이 전쟁 말고 다른 종류의 폭력도 있단 말인가? 그렇다. '비평화'라는 생소한 말도 그중 하나다.

비평화(peacelessness)의 사전적 의미는 "부조화, 폭발 직진의 갈등, 혹은 전쟁의 징조를 보이는 상태" 등이다. 전쟁이나 폭력이 일어나지 않지만 그것을 유발할 수 있는 여러 갈등 요인들로 인해 평화롭지 못한 상태를 지칭하는 말이다. 물론 비평화는 그 정의에서 보듯이 전쟁의 가능성이 높은 갈등을 내포하고 있다. 그런 점에서 비평화는 분단정전체제의 속성을 잘 드러내는 용어라 할 수 있다. 비평화란 용어는 1967년 인도의 평화학자 다스굽타(Sugata Dasgupta)가 국제평화학회에서 발표한 "비평화와 나쁜 개발(Peacelessness and Maldevelopment)"이라는 논문에서 처음 등장하였다. 그는 이 논문에서 비평화라는 단어를 제시하며 전쟁이 없는 데도 가난과 차별 그리고 소외로 인간다운 삶을 누리지 못하는 제3세계 대중의 현실을 드러내려고 했다. 비평화는 분단정전체제 하의 한반도에서 일어나고 있는 비민주적이고 반인권적인 현실, 남북 간 적대와 불신, 그것으로 대중의 삶이 온전하지 못한 상황을 묶어 설명하는 데 유용하다. 한국전쟁 이후 한반도에 큰 전쟁이 없지만 분단, 반공 혹은 반제국주의, 안보를 명분으로 대중의 자유와 권리가 억압되어 왔다. 그런 현상은 북한은 말할 것도 없고 남한의 경우 과거 권위주의 통치 시절에 뚜렷하게 나타났고, 1987년 민주화 이후에도 완전히 가시지 않고 있다.

한반도 비평화 구조는 한반도에서 지속가능하고 온전한 평화 구축(peacebuilding)을 저해하는 요소들의 총체를 말한다. 여기서 '지속가능하고 온전한 평화'란 전쟁이나 폭력이 없는 소극적 평화, 전쟁을 일으키는 억압, 불평등, 차별 등이 사라진 구조적 평화, 그리고 이 둘의 평화를 정당화 하고 내면화하는 문화적 평화를 포함하는 추상적인 말이다. 이들 세 가지 평화는 요한 갈퉁(Johan Galtung)이 제안한 개념인데, 이 셋은 물리적 폭력, 구조적 폭력, 문화적 폭력과 맞서는 용어다.[■] 아래에서는 분단정전체제의 본질적 의미를 '비평화 구조'라 파악하며 그 특징을 검토하고 있다.

우선, 분단정전체제는 물질적, 정신적 두 측면을 떠고 있다. 물질적 측면은 군사력, 경제력 같이 만질 수 있고 관찰 가능한 요소들로서 나의 생존과 번영을 보장하고 타인, 특히 적의 공격을 분쇄하거나 적을 공격할 수 있는 능력을 말한다. 외부의 위협을 강조하며 끊임없이 군사비를 증대시키는 현상도 좋은 예이다. 군비증강은 잠재적이든 현재적이든 적대 세력의 공격에 대한 안보를 위한 조치인데, 다른 나라도 같은 이유로 군비 증강을 하는 소용돌이를 만들어낸다. 이른바 안보 딜레마(security dilemma)다. 경제력도 한 사회 구성원늘의 번

<hr>

■ 요한 갈퉁 지음, 이재봉 외 옮김, 『평화적 수단에 의한 평화』(서울: 들녘, 2000).

영은 물론 체제경쟁의 수단으로 쓰이고, 그래서 경제정책은 군사력 증강과 연관 지어 추진되기도 한다. 이런 물질적 측면은 정신적 측면과 한 쌍을 이룬다. 비평화 구조의 정신적 측면의 예로는 내가 옳고 타인이 틀렸다는 이분법적 사고, 잘못됐다고 단정한 타인을 공격하는 것이 옳고 심지어는 그런 타인을 변호하는 내 주변의 사람도 비난하는 군사문화 등이 있다. 한국 사회에서 반공 반북 이데올로기나 종북(從北) 담론, 북한에서 반미 반제국주의 이데올로기가 전형적인 예이다. 물질적, 정신적 측면은 서로를 강화시킨다. 군비증강은 군사 문화를 촉진하고, 군사문화는 억압과 차별을 정당화한다.

둘째, 분단정전체제는 세 차원으로 이루어져 있다. 먼저, 남북관계 차원이다. 한반도형 비평화 구조로서 분단정전체제의 중심에 남북관계가 있는 것은 당연해 보인다. 남북관계는 적대와 불신을 본질로 하지만 경우에 따라서는 대화와 교류가 일어나는 공간이자 남북이 상호작용하는 채널이기도 하다. 그러나 분단정전체제가 남북관계로만 이루어져 있다고 보는 것은 현상의 일부를 본질로 오해하는 꼴이다. 분단정전체제는 동아시아 차원에서도 볼 수 있다. 미국이 고고도미사일방어체계(일명 THAAD)를 한국에 배치하는 문제는 북한의 미사일 요격을 명분으로 하고 있지만, 사실은 미국의 중국 봉쇄 전략에 한국이 참여하는 문제로 인식되기도 한다. 중국이 북한의 도발에 대한 국제 사회의 제재에 동참하는 문제는 북중관계, 한중관계에 직접적인 영향을 미칠 뿐만 아니라, 동아시아 국제정치의 두 패권국인 중국과 미국의 관계로부터 영향을 받기도 한다. 나아가 한반도 통일문제는 미국과 중국을 비롯해 한반도 주변 강대국들의 국가 이익과 그것들이 엮어내는 역내 국제정치와 긴밀히 연관되어 있다. 이런 점에서 한반도 평화·통일문제를 남북관계 차원으로 한정해보는 것은 짧은 생각이다. 물론 한반도형 비평화 구조는 남북한 사회의 대내적 차원에서도 생각해볼 수 있다. 분단정전체제는 남북 한에 정치경제 구조, 사회 문화 등에 대개 부정적인 영향을 미친다. 국가보안법이 건재하고 많은 비판에도 불구하고 테러방지법이 제정된 것에서도 알 수 있듯이 자유로운 사고와 행동은 국가안보, 국민통합의 명분 아래 억제당한다. 국가 재정의 편성에서도 안보·정보 분야는 투명성 없이 성역으로 간주되고 있다. 이들 한반도 비평화 구조의 3차원은 분단정전체제 극복의 길이 일차원이 아님을 말해주고 있다. 왜냐하면 분단정전체제를 지속시키고 그로부터 기득권을 유지하는 힘이 위에서 말한 세 차원에서 나오기 때문이다.

이상과 같은 측면과 차원에서 볼 때 분단정전체제는 일종의 거대 폭력이라 할 수 있는데, 그것을 '분단 폭력'이라고 이름 붙이는 학자들도 있다.[■] 분단 폭력은 분단정전체제에 의해 혹은 분단의 이름으로 가해지는 온갖 폭력을 말한다. 이런 정의는 한반도에서 발생하는 많은 폭력이 분단과 직·간접적으로 관련이 있음을 의미한다. 물론 한반도에 존재하는 모든 폭력이 분단과 관련되어 있는 것은 아니지만, 분단과 관련 없는 폭력에 대해서도 분단의 상대방을 호명해 정당화를 시도하고 있는 점은 부정할 수 없다. 가령, 정부의 일방적인 개발 정책, 에너지 정책의 일환으로 추진되는 경제 특구 지정 사업이나 고압송전탑 건설에 관련된 지역주민들은 자신들의 자존과 생존을 위해 저항한다. 그런데 이들의 저항을 종북(從北)이라고 비난하는 경우를 보게 된다. 이것은 분단 폭력의 변방에 있

[■] 김병로·서보혁 편, 『분단폭력』(파주: 아카넷, 2016) 참조. 아래는 서보혁, "결장: 분단폭력의 본질과 그 너머," 『분단폭력』(파주: 아카넷, 2016).

는 현상이지만 분단 폭력의 위력을 증거 하는 일이다. 군사권
위주의 정권 시절에는 포장마차에서 팍팍한 삶을 비관하며 내
뱉은 체제비판적 발언을 한 시민이 반공법 혹은 국가보안법으
로 구속돼 고문을 받기도 했다. 2016년 초 북한의 도발에 대
한 제재의 일환으로 취해진 개성공단 폐쇄 조치는 그 효과에
대한 논란이 이어지고 있지만, 공단 폐쇄로 관련 기업 종사자
들이 입은 피해에 대한 관심은 줄어들고 있다. 분단 폭력은 이
렇게 질기고 무섭다.

분단 폭력은 단일 한민족이 분단 이후 상호 적대하고 그것
을 국내정치적으로 악용해온 일련의 국가 폭력이다. 그리고
그 범위는 한반도를 넘어 동아시아 차원으로 확대되기도 하
고, 역내 국가 간 갈등이 한반도에 들어오는 현상도 포함한다.
그리고 분단 폭력의 실체이기도 하지만 그걸 재생산하는 데에
는 군산권학(軍産權學) 복합체■의 정치경제적 이익이 작동하

■ 미국 아이젠하워 대통령은 퇴임시에서 민주주의와 평화를 방해하는 세력으로
'군산복합체(military-industrial complex)'를 지적한 바 있다. 최근에 와서는
거기에 정치권과 학계가 연루되는 점을 인정해 국산권학 복합체라 부르기도 한
다. 홍익희, 『군산복합체』(서울: 퍼플, 2012); Mary Kaldor, *New & Old Wars
Organized Violence in a Global Era*, Third Edition (Redwood: Stanford

기도 한다. 외침과 재해에 맞서 국민의 생명과 재산 보호를 임무로 하는 국가의 각종 무기 및 안전장비 도입 과정이 천문학적인 비리로 얼룩지고 거기에 많은 고위 인사들이 개입되는 '관행'을 관련 인사들의 도덕적 문제로 축소할 수 있을까? 그렇다면 그런 문제는 왜 끊이지 않을까? 천문학적인 금액이 오가는 과다한 무기 현대화 사업이 북한 위협의 과대평가와 안보 산업의 팽창과 깊은 상관관계가 있다는 점은 여러 차례 지적되어 왔다.

분단 폭력은 남북 간 군사적 대치와 역내 군비 경쟁과 같은 물리적 폭력을 지칭한다. 그러나 분단 폭력은 구조적 폭력과 문화적 폭력을 포함한 종합적인 의미로 이해할 필요가 있다. 왜냐하면 특정 외부세력과 동맹을 맺고 특정 세력을 적으로 규정하는 정체성 정치는 국내정치에서 갈등을 방조할 뿐만 아니라, 편 가르고 적대하고 싸워 이기는 식의 군사 문화를 정당화하기 때문이다.

University Press, 2007) 참조.

3장

분단정전체제의 지속

분단과 전쟁 이후 한반도는 분단이 계속되고 전쟁 상태가 완전히 종식되지 못하고 상호 적대와 불신이 끊이지 않고 있다. 그런 상태는 비단 남북 간에만 일어나지 않고 남북한 사회 내에, 그리고 한반도 주변 역내 국제정치에서도 나타나고 있다. 질기고 모진 분단정전체제의 민낯을 자세하게 이해할 때 그 극복의 길도 구체적으로 그려볼 수 있을 것이다.

1. 남북관계 차원

남북관계는 분단정전체제의 민낯을 가장 잘 드러내 준다. 남북을 막론하고 전쟁으로 무수한 인명이 희생되었고 강토가 쑥대밭이 되었다. 그런 피해를 알면서도 김일성과 이승만은 계속해서 무력통일을 포기하지 않았다. 이승만 정권은 휴전 협상을 비판하며 무력통일을 추진하려는 의사를 공공연하게 밝혔다. 그래서 정전협정 체결에 즈음하여 유엔군 사령관 클라크 장군은 북방한계선(NLL)을 설정하였다. 미국은 NLL 설정으로 휴전을 확정하고 남북 간 군사적 충돌을 통제하려 했다. 그 결과 한국군의 대북 침투활동이 크게 줄어들었고 북한 측도 1970년대까지는 NLL을 인정한 것으로 알려져 있다.

전쟁의 파괴력 때문에 휴전 이후 남북이 스스로 전쟁을 일으킬 능력은 없었다. 일정한 시간이 필요했다. 전후 복구와 절대적 가난을 벗어나기 시작하면서 남북은 정치, 경제, 사회 전 영역에서 군사화를 추진해 나갔다. 1960년대 들어 김일성 정권은 중공업 우선 정책에 바탕을 둔 국방·경제 병진노선을 공식화하고 전인민의 무장화 등 4대 군사노선을 채택해 북한 지역을 남조선혁명의 기지로 만들어갔다. 같은 시기 군사 쿠데타로 들어선 박정희 정권은 경제개발계획을 본격화하면서 중공업 육성에 역점을 두었는데, 이 역시 국방력 증강과 밀접한 관련이 있다. 북한에서는 1950년대 말 중국군이 철수했지만 남한에서는 미군이 계속 주둔하여 대북 억지 기능을 수행했다. 1960년대 말부터 북한은 울진, 삼척 등 남한의 후방 해안지역에 게릴라를 침투시키는가 하면 청와대 습격을 기도하는 등 무력 공세를 이어갔다. 그러나 북한의 무력통일노선은 한미 동맹에 의해 저지당했고 심지어 중국으로부터도 반대에 직면했다. 제3세계 진영이 국제무대에 본격 등장하고 데탕트가 일어난 1970년대 들어 남북은 유엔 등 국제무대에서도 체제경쟁을 벌여나갔다. 1980년대 들어 북한은 군사정변으로 집권한 전두환과 그 정권의 핵심 인사 살해와 민간항공기 납치 등을 감행했지만 국제적 고립만 낳았다.

냉전이 해체된 뒤에도 남북은 짧은 교류협력의 시기를 지난 후■ 다시 군사적 충돌을 해나갔다. 1990년대 이후에도 휴전선과 NLL 일대에서의 충돌은 지금까지 간헐적이지만 계속 일어나고 있다. 특히, 2010년 천안함 사건과 연평도 포격은 이후 남북관계를 규정하여 오늘에 이르고 있다. 북한은 핵개발을 냉전 해체 이후 불리해진 안보 환경에 대처하는 불가피한 조치라고 주장하고 있지만, 남북 간 군사적 긴장은 물론 국

■ 이 책의 제4장 1절을 참조.

제사회의 제재와 고립을 초래하였다. 이와 같이 남북 간 군사적 대결과 긴장은 일부 시기를 제외하고는 국제질서의 변화를 초월하여 지속되고 있다.

정신적 측면에서 보더라도 남북 간에는 상호 적대의식이 유지되고 있다. 물론 남북은 상호 간에 통일을 이루어야 할 동반자라는 특수관계가 성립한다고 공감한 적이 있다. 사실 둘은 한 민족, 한 동포라는 우호 감정을 갖고 있다. 그렇지만 장기간의 분단으로 남북의 주민들은 세계관, 생활양식, 문화적 기호 등에서 이질성이 커졌다. 남한의 입장에서 북한은 같은 동포, 특히 도와주어야 할 불쌍한 동포임에 틀림없다. 그럼에도 북한은 세습, 핵개발, 폐쇄, 인권 탄압, 저발전 등과 같은 사실로 인해 시대착오적이고 호전적인 이미지를 낳고 있다. 그렇기 때문에 통일에 회의적인 시각도 적지 않다. 서울대학교 통일평화연구원이 한국갤럽에 의뢰해 조사한 국민들의 통일의식은 큰 변화를 보여주고 있다. 남북관계가 좋았던 노무현 정부 말기인 2007년, 통일의 필요성을 묻는 설문에서 응답자의 63.8%가 필요하다고 답했다. 그러나 2015년 같은 설문에서 필요하다는 응답은 51.0%로 줄어들었다. 특히 20대의 응답은 평균보다 더 낮은데, 2007년 설문에서 통일이 필요하다는 20대의 응답은 53.3%였는데 비해, 2015년 응답에서는 30.7%로 나타났다.[■] 통일의 필요성에 대한 응답이 시간이 지날수록 낮아지고, 20대에서 더 낮은 이유는 다양한 요소들이 작용했을 것이다. 남한의 경제상황 악화, 남한정부의 대북정책 변화와 그에 따른 여론 변화도 작용할 것이다. 그렇지만 위에서 언급한 다양한 이유들로 인해 북한에 대한 이질감과 혐오감의 증대도 큰 변수로 작용했음을 부정할 수 없을 것이다.

이와 같이 남북 간에 물리적, 정신적 측면에서 지속되고 있는 상호 적대의식, 대결, 불신은 분단정전체제를 지속시키는 일차적인 원인으로 작용하고 있다. 물론 김대중, 노무현정부 시기에는 남북 간 일련의 화해·교류·협력이 진행되었다. 비슷한 시기 6자회담 등을 통해 한반도 비핵화의 진전도 있었다. 그런 경험과 그 시기 남북의 신뢰조성과 협력은 분단정전체제를 약화시킬 가능성을 보여주었다. 그렇지만 그 힘은 지속

■ 두 설문은 모두 전국 성인 1,200명을 유효표본으로 삼았고 신뢰수준은 각각 ±2.8%였다. 자세한 '통일의식조사' 결과는 서울대 평화통일연구원 홈페이지를 접속해 이용할 수 있다. http://tongil.snu.ac.kr/

되지 못했고 남북은 다시 적대와 불신의 길로 되돌아가 버렸다.

2. 남북한 사회 차원

분단정전체제가 지속되려면 남북관계 차원만이 아니라 분단된 두 사회 내에서도 상대를 적대시하는 일을 계속 불러일으키는 제도와 관행이 작동해야 할 것이다. 북은 남을 "미 제국주의의 괴뢰", "민족분열주의세력"라고 비난해왔고, 남은 북을 "소련의 앞잡이", "전쟁광"으로 몰아세웠다. 남북 간 비방은 그 자체로 끝나지 않고 두 사회의 분단기득권세력이 정치적 반대세력을 억압하는 데 유용한 소재가 되기도 한다.

남북한 각각에서 상대를 적대시하고 내부의 반대 세력을 억압하는 데 이용한 수단은 다양하다. 합법적인 법 집행이나 공권력의 활용은 물론 불법적인 수단도 사용됐다. 북한의 경우 수차례의 개정에도 불구하고 형법을 통해 조국반역죄, 공화국모욕죄 등을 적용해 남한사회를 동경하거나 북한체제를 비판하는 사람을 감시, 처벌해왔다. 이런 법적 처벌을 하기까지 국가안전보위부, 인민보안부 등과 같은 공안기관이 합법적인 절차는 물론 월권, 편법, 탈법 등의 방식으로 감시, 구금해온 것으로 알려지고 있다. 뿐만 아니라 청년, 여성, 노동자, 농민, 아동 등 각급 사회 및 직능단체의 집단주의적 활동을 통해서도 남한정권을 비방, 비하하는 교육을 벌여왔다.

1990년대 중반 이후 극심한 식량난으로 대규모 탈북 행렬이 일어났다. 그중 중국에 잡혀 강제송환된 탈북자나 남아 있는 가족들은 감시, 처벌과 함께 반남(反南) 교육을 받는 것으로 알려지고 있다. 눈에 띄는 것은 북한식 신분제의 관행이다. 북한에서 직업 선택이나 결혼 등 사회생활에 큰 영향을 미치는 것이 출신성분이다. 그중 자기 부모나 조부모가 남한 출신이거나 분단과 전쟁 기간 중 월남한 경우는 좋은 직장이나 배우자를 만나기 어렵고, 성인이 돼서도 차별과 감시를 받는다. 북한의 성분제는 체제 유지에 기여할 잠재력을 기준으로 북한 주민들을 분리 통치하는 강력한 수단이다. 극심한 식량난이 지속되자 북한에서 시장이 자생적으로 생겨나고, 2000년대 들어 북한정부도 이를 부정할 수 없게 되자 시장을 인정하고 나아가 경제개혁개방도 모색하기 시작하였다. 그러나 북한에서 개혁개방은 매우 미미하거나 지속되지 못하고 있다. 왜냐하면 개혁개방은 남한과의 관계개선과 경제협력을 필요로 하는데, 북한의 고위관료가 남한과의 적극적인 교류협력을 추진하는 일은 정치적으로 매우 위험한 일이기 때문이다.

남한의 경우에도 북한을 적대시하거나 반북 이데올로기를 정치적으로 조장 이용하는 사례가 적지 않았다. 국가정보원(전 중앙정보부, 국가안전기획부)이나 국군기무사령부(전 보안사령부)는 국가안보를 위한 정보 수집 및 분석 임무를 띤 공안기관들이다. 그런데 이들 기구는 과거 군사 권위주의 통치 시기, 본연의 활동에 그치지 않고 반체제 민주화 인사들을 감시하고 심지어는 불법구금해 고문하는 일을 서슴지 않았다. 2016년 3월 2일 제정된 소위 테러방지법이 광범위한 인권 침해 소지를 갖고 있다는 비판을 산 것■도 법안의 내용과 함께 공안기관의 이런 전력 때문이다.

■ 한국갤럽이 2016년 3월 4일, 국민 1,010명에게 국가정보원의 테러 위험인물에 대한 개인정보 수집 권한 강화에 대해 설문조사를 벌인 결과, '국가정보원의 정보수집 권한 강화는 테러 예방에 필요하므로 찬성' 의견이 39%, '국가정보원이 테러와 상관없는 일반인까지 사찰할 우려가 있어 반대' 의견이 51%였으며 10%는 판단을 유보했다고 밝혔다. 「한겨레」, 2016년 3월 4일.

분단 이후 사회 전체적으로 북한·통일 논의가 비교적 자유롭고 북한과의 교류가 활발했던 때는 김대중, 노무현정부 시기(1998년 2월~2008년 2월)가 전부였다. 그 시기는 두 대통령의 의지로 테러방지법 제정 움직임이 중단되었고 국정원에 의한 인권침해 전력을 조사, 공개, 사과하는 진실화해 작업이 전개되었다. 그런 조치로 두 정부는 정치적 반대세력으로부터 '친북정권'이라는 비난을 감수해야 했다. 위와 같은 전향적인 변화에도 불구하고 두 정부 시기에도 국내외로부터 대표적인 악법으로 지목된 국가보안법은 개폐되지 못했다. 국가보안법-반공법-국가보안법으로 이름을 바꾸며 반공, 반북을 명분으로 한 합법적인 인권침해는 남한사회에서 분단정전체제가 살아 숨 쉬고 있음을 잘 보여주고 있다.

물질적 측면에서 남북한 사회 내에서 분단정전체제의 재생산을 이끄는 요소로 과도한 군비증강을 꼽지 않을 수 없다. 남한의 경우 적어도 1980년대 이래 군사비에 투여하는 비용이 북한의 수 배에서 수십 배로 평가돼 왔지만, 그 효과는 의심을 받고 있다. 경제성장과 남북 대치상태가 얽혀 2000년대 들어서 한국의 무기도입은 세계 5위권, 군사비 지출은 10위권을 유지하고 있다. 미의회조사국(CRS)의 보고서에 따르면, 한국은 2014년 78억 달러의 무기 구매계약을 체결해 세계 최대 무기 수입국이 됐다. 한국의 무기도입을 포함한 안보정책은 불균등한 한미동맹관계, 특히 미국의 아태지역 안보전략과 깊은 관련이 있다. 2014년 한국의 무기 도입액 가운데 70억 달러가량이 미제 무기 수입 비용으로 알려졌다. 또 2016년 벽두 한미 군 당국은 북한의 4차 핵실험과 장거리로켓 발사에 대한 대응 조치의 일환으로 미국의 고고도미사일방어체계(THAAD)의 한국 도입을 공식적으로 추진하기 시작했다. 이런 현상은 주한미군의 장기 주둔, 한미일 삼각안보체제 강화와 결합해 분단정전체제가 동아시아 안보질서와 깊은 연관을 가지며 작동함을 보여준다.

이상 물리적 측면에서 남북한의 분단 기득권 세력은 상대를 적대시하는 법제도와 기구를 가지고 있고, 이를 통해 정치적 반대세력을 억압하는 식으로 분단정전체제를 재생산해왔다. 다만, 동맹관계는 한미 간에는 지속되지반 북한은 냉전 해체와 함께 사라졌다. 북한과 중국의 동맹관계는 유명무실화되고 대신 필요에 따른 전략적 협력관계로 전환된 것으로 보인다. 이런 차이가 북한이 핵무장에 집착하는 현상을 설명해 줄지도 모른다. 그렇지만 북한은 국제적 고립과 제재로 경제 불안은 물론 안보 불안에 더 깊이 빠지는 역설에 직면하고 있다.

사회문화적인 측면에서도 남북한에서 분단정전체제를 지속시키는 양상을 쉽게 찾아볼 수 있다. 그 양상은 시기에 따라 차이는 있지만 남북 간에 비슷해 보인다. 그 양상이란 의심하고, 편 가르고, 낙인찍고, 배제 억압하는 식이다. 북한의 경우 탈북 경력이 있는 자나 변경무역을 하는 자는 남한사람을 만났거나 자본주의 문화를 접촉했는지 의심받는다.■ 그에 관한 조사를 받는 과정에서 '너는 위대한 주체조선의 인민인가, 아니면 배신자인가' 하는 식의 질문을 받고 정해진 한쪽으로 서기를 강요받을 것이다. 그렇지 않으면 반동, 변절자, 배신자로 낙인이 찍힐 것이다. 아니 '주체조선의 인민'이라고 대답해도 공안기관은 의심을 완전히 풀지 않고 변절 가능자로 분류해 감시할 것이다. 그리고 배신의 증거가 발견되면, 혹은 필요시

■ 북한인권에 관한 상세한 내용은 통일연구원 북한인권센터와 북한인권정보센터의 출간물을 참조할 것.

증거가 조작되면 그는 공화국 인민의 자격을 박탈당하고 사회로부터 배제당할 것이다. 정치범수용소로 보내지거나 경우에 따라서는 처형되는 식으로.

이런 끔찍한 감시와 처벌의 메커니즘은 민주화 이전, 즉 군사 권위주의 정권 시절 남한에서도 공공연하게 자행되었다. 민주화 이후 진실화해위원회와 대법원의 판결에서 알 수 있듯이 반북, 반공을 앞세운 감시 억압의 정치, 고문통치는 분단정전체제가 비정상적인 두 분단사회의 광기에 의해 지속되어 왔음을 말해준다. 물론 남한의 경우 민주화 이후 이런 현상은 거의 사라지고 불법구금이나 고문에 의한 간첩조작사건은 찾아보기 어렵지만 완전히 사라지지 않았다. 박근혜정부 들어 통일진보당 내란음모 공격이나 유오성 자매 간첩조작 사건이 발생했다. 이들 사건은 국내외 인권기구들로부터 인권탄압으로 비판받았다. 북한의 위협을 과장해 국민의 불안과 순응을 조성해 정치적 목적 달성을 하려는 권력의 유혹도 사라지지 않고 있다. 합법적이고 공개적인 방식을 개발 확대해 보다 세련된 통치를 추구하는 현상이 두드러진다. 특히, 분단과 전쟁에 의해 정당성을 부여 받은 북한·안보·정보 관련 법률을 제정하거나 그에 근거해 반북수구단체나 관변단체들에 의한 낙인, 배제의 정치가 두드러져 보인다. 예를 들어, 민주화 이후에도 생명 · 인권 · 평화를 추구하는 시민단체들이 서울시청 광장이나 청와대 입구에서 집회를 하면 군복, 모자, 선글라스를 착용한 반북우익단체 회원들이 그 인근에서 맞불집회를 하거나, 어떤 경우는 폭언과 폭행을 일삼으며 집회를 방해하기도 한다. 때때로 그들이 누군가로부터 돈을 받는 장면이 목격되기도 한다. 이런 단체는 한국사회의 문제에 관해서도 이념의 딱지를 붙여 공격하는 행태를 반복하는데, 예를 들어 세월호 진상규명 문제나 국정교과서 전환 문제에 관해서도 이념적 접근을 하고 있다. 주간 〈시사저널〉(2016년 4월 11일)에 따르면, 반북수구단체 어버이연합은 세월호 진상규명 반대집회에 탈북자 등을 일당을 주고 동원한 것으로 확인됐다. 2014년 한 해에만 1,200명이 넘었고, 이들에게 지급된 돈은 2,500만 원 이상이었다. 이 단체는 인권문제를 반공반북이념으로 덧칠하고 심지어는 폭력을 행사하기도 했다. 이 단체는 국정원을 전폭적으로 지지하는 활동도 해왔다.

　1987년 민주화 이후 한국사회는 국가권력에 의한 노골적이고 천인공노할 인권탄압과 같은 물리적 폭력은 거의 사라졌다. 그러나 합법적이고 연성적인 방식으로 북한을 적대시하며 남북 대결을 조장하고, 의견을 달리하는 집단을 친북, 종북이라고 공격하는 구조적, 문화적 폭력은 활성화되는 양상이다. 이렇게 질긴 폭력의 생명력은 분단과 정전상태에 기원을 두지만 결정적인 원인은 두 분단사회가 대결과 불신을 재생산하는데 익숙해졌기 때문이다. 물론 그 책임이 분단 아래 살고 있는 모든 사람들이라고 말하는 것은 문제의 본질을 흐리는 처사다. 그 책임은 대결과 불신을 조장하며 분단 기득권을 유지하는 세력에 일차적으로 있다 할 것이다. 분단정전체제는 이처럼 남북 간 적대는 물론 두 사회의 비인간화를 먹고 사는 괴물이다. 평화교육과 남북관계의 개선이 함께 일어나야 하는 이유가 여기에 있다.

3. 동아시아 차원

분단정전체제는 이상 두 차원에서 재생산되고 있지만 동

시에 세계 안보질서, 특히 동아시아 안보질서로부터도 영향을 받고 있다. 물론 분단정전체제가 동아시아 안보에 영향을 주기도 한다. 사실 분단정전체제는 태생적으로 동아시아를 포함한 세계 안보질서의 일부이다. 분단정전체제는 2차 세계 대전 후 세계 냉전질서의 확립과정 중 한반도에서 나타난 폭력적인 분단이 굳어진 것이다. 그러나 분단정전체제의 기원으로 그 지속성을 설명할 수는 없는 노릇이다. 냉전 해체 시기와 그 이후 동아시아 안보질서가 어떻게 분단정전체제의 지속에 영향을 미쳤는지를 살펴보아야 할 것이다.

1985년 소련 공산당 총서기로 집권한 고르바초프의 개혁개방(Perestroika and Glasnost) 정책은 그 의도와 달리 소련과 동구사회주의국가들의 패망을 초래했다. 반면에 중국은 1970년대 말부터 점진적이지만 지속적인 개혁개방노선을 견지했는데, 이를 위해서는 대내정치적 안정은 물론 역내 질서의 안정도 절대적으로 필요했다. 물론 유럽을 중심으로 한 세계 냉전질서의 해체는 동아시아에도 영향을 미쳤다. 1980년대 후반부터 체제전환 과정에 있던 소련과 동구사회주의국가들은 물론 중국도 한국과 무역을 확대하고 결국 국교정상화를 단행하였다. 동맹·우방국을 상실한 북한은 안보 및 경제 불안 등 체제의 생존위기에 직면하였다. 그 타개책으로 북한은 남한, 미국, 일본 등 적대세력과의 관계개선을 추구해갔다. 그렇지만 1990년대 초부터 북한의 핵개발과 일본인 납치 문제가 부상하고 미국의 북한 핵시설 폭격 준비까지 가는 소위 1차 북핵위기가 조성되었다. 한국전쟁 이래 북한과 미국의 오랜 적대관계와 한반도 비핵화에 관한 두 나라의 동상이몽이 위기를 초래한 것이다. 그러나 1994년 10월 21일 북한과 미국이 제네바 기본합의(Agreed Framework)를 채택하면서 북핵 포기와 관계정상화를 엮은 이행 프로세스가 전개되어 2기 클린턴 행정부 말인 2000년까지 상황은 호전되었다. 이렇게 1990년대는 비교적 양호한 미중관계 아래서 오로지 북미관계의 부침에 따라 한반도 정세가 규정받았다.

그러나 2001년 2월 제네바 합의 이행에 부정적인 조지 W. 부시 행정부가 등장하고, 그해 9·11테러가 발생하였다. 부시 정부는 북한을 '악의 축', '폭정의 전초기지'로 규정하고 선제 핵공격독트린 대상에 북한을 포함시켰다. 2002-2003년 워싱턴에서는 후세인 다음은 김정일이라는 소문이 퍼졌다. 노무현정부는 높아진 안보 위기를 완화시키기 위해 남북대화와 함께 미국의 이라크전에 동참했다. 북한이 핵개발 공개로 응수하고 미국이 반테러전쟁의 늪에 빠지면서 북핵문제는 6자회담으로 옮겨졌고, 미국의 대북정책은 정권교체〉행동변화〉한국전쟁 종식 가능으로 변화했다. 이 시기 중국은 미국의 반테러전쟁에 동조하면서 6자회담 의장국, 대북지원, 비핵화 지지 등의 입장을 취하며 역내 긴장완화와 경제성장을 추구해나갔다. 노무현정부는 한미 동맹 강화와 한반도 평화정착을 병행 추구하였지만 한미 동맹의 범위는 한반도를 넘어 세계로 넓어졌다. 이 시기 동아시아도 미국의 일방주의적 테러전의 영향으로 미중관계는 양호했다. 결국 북미 간 대결과 한미, 남북관계의 발전이 한반도 정세를 규정하였다.

2010년대 들어서는 6자회담의 중단, 북한의 노골적인 핵개발과 도발, 남한의 대북정책 변화, 그리고 역내 국가 간 역사 및 영토 문제의 부상 등 전반적으로 동아시아 안보질서가 악화되기 시작했다. 거기에 '아시아로의 회귀'로 불리는 미국의 아태지역 안보전략의 비중 강화와 그에 부합하지 못하는 군사·경제력의 간극이 작용하였다. 부시정부의 장기 대테러

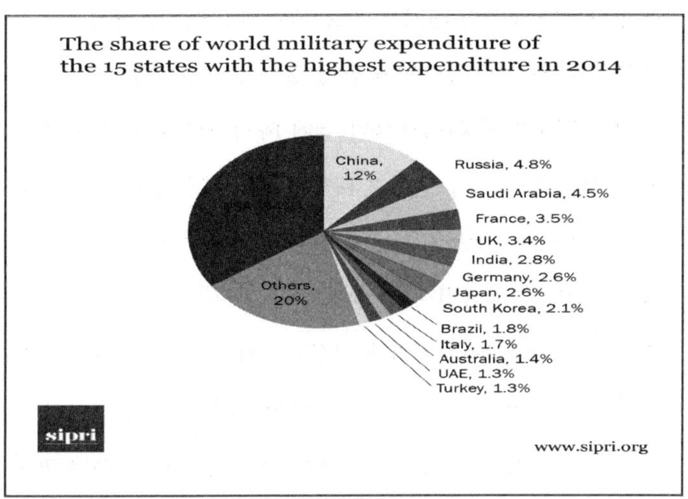

〈그림 1〉 세계 군사비 지출 현황, 2014년

* 출처: www.sipri.org

전쟁과 경제침체로 2010년대 들어 미국의 군사비는 크게 축소되었다. 물론 중국과 러시아의 군사비를 다 합해도 미국에 필적하지 못하지만 중국의 경우 적어도 지난 10년 동안 평균 10%대의 군사비 증가를 나타냈다. 과거에 미국은 국방비 지출에서 세계 2~10위 국가들을 합친 것보다 많았지만 현재는 그렇지 않다(그림 1 참조). 특히, 오바마 행정부 들어서 미국은 아태지역에서 패권을 강화하려는 의도와 그 능력의 간극을 메우기 위해 일본, 한국, 호주 등 동맹국들에 안보 비용 증대를 요구하는 동시에 중국 봉쇄망을 구축하기 위해 한국과 일본의 관계개선도 강력히 요구한 것이다. 2015년 12월 한일 외교장관들이 '위안부' 문제와 관련해 졸속 타협에 나선 것도 위와 같은 점을 배경으로 하고 있다.

미국의 상대적 하락과 중국의 부상으로 발생한 유동적인 역내 안보 상황은 북한에게 유리해 보이지 않았다. 북한의 핵 개발이 추진된 시기가 이때와 겹친다는 점은 눈여겨볼 만하다. 2016년 1, 2월 단행된 북한의 수소탄 실험과 장거리 로켓 발사도 마찬가지다. 중국은 신형대국, 유엔 안전보장이사회 상임이사국으로서 대북한 제재에 나섰지만 미국과의 갈등관계에서 북한을 포기할 정도의 압박은 하지 않을 것으로 분석된다. 요컨대 2010년대 동아시아는 그 이전 시기와 달리 미중, 일중관계가 경색되고 동시에 남북, 북미관계도 악화되면서 과거 냉전시기의 대결구도가 부활하는 양상을 띠고 있다. 그와 같은 상황에서 70여 년을 보낸 분단정전체제가 영구화될 것이라는 우려마저 일고 있다.

한편, 문화 정신적 측면에서 동아시아는 이중적인 상호의 존을 나타내고 있다. 냉전과 그 이후 이어지는 동아시아의 경 제성장은 괄목상대(刮目相對) 그 자체였고 세계의 이목도 끌었다. 과거 일본과 그 뒤를 따르는 아시아 네 마리 용들■이 전개한 기러기 모양[雁行]의 성장전략은 중국 주도의 지속 성 장으로 이어졌다. 그 결과 경제의 중심이 유럽 혹은 북미주에 서 동아시아태평양으로 이동했고 역내 국가 간 교역, 인적 교 류, 투자도 급증했다. 한국도 이제는 미국, 일본과의 교역을 합한 것보다 중국과의 교역이 더 커졌고 사업, 유학, 여행 등 으로 인한 인적 교류도 급증하였다. 이는 긍정적인 측면에서 의 역내 상호의존이다.

그렇지만 경제·문화적 상호의존은 정치·군사적 상호의존 으로 파급되지 못하고 있다. 정치지도자들 간의 신뢰조성과 그로 인한 역내 다자안보협력의 제도화를 기대하기는 시기상 조다. 유럽통합 과정을 설명하는데 설득력이 높았던 (신)기능 주의를 동아시아에서 적용하기가 아직 힘들어 보이는 이유다.

■ 한국, 대만, 싱가포르, 홍콩을 말한다.

역사 진실규명과 화해, 영토문제 해결, 무역 불균형 해소, 잔존 이념적 차이의 극복, 그리고 느리지만 드러나고 있는 미국과 중국의 패권경쟁 통제 등과 같은 문제들이 역내 국가 간 오랜 불신과 적 이미지(image)를 약화시키지 못하고 있다. 더욱이 이 역내 갈등 요인들이 각국의 국내정치적 필요에 의해 왜곡, 증폭되면서 불신과 적 이미지를 강화하기까지 한다. 남북 간에도 1990년대 남북기본합의서와 한반도 비핵화 공동선언은 물론 2000년 6월과 2007년 10월, 두 차례 성사된 남북정상회담의 결과 이루어진 합의도 휴지조각이 되어 버렸다.

4. 분단정전체제의 속성

분단정전체제는 식민주의, 군사주의, 권위주의, 이 세 가지를 속성으로 하고 있다.■

분단정전체제는 우선 제국주의 세력의 약소민족에 대한

■ 이하는 김병로·서보혁 편,『분단폭력』을 수정 요약한 것임.

식민통치의 연장선상에 있다. 분단이 일제 식민통치에 기원
을 두고 있고 냉전체제를 주조(鑄繰)한 두 외세에 의해 이루어
졌다는 점에서, 식민주의는 분단정전체제의 저변에 자리하고
있다. 식민주의의 정치적 형태는 외세에 의한 식민지 직접통
치와 식민지 내 외세 추종세력에 의한 간접통치가 있을 수 있
다. 그러나 분단정전체제에서 식민주의는 이 둘 중 어느 하나
의 형태라기보다는 독특한 양상을 보인다. 분단과 전쟁에 관
여한 주변 강대국들은 한반도 통일을 지지한다고 하지만 사실
은 남북관계를 조정하며 분단정전체제를 유지하는데 더 큰 이
해관계를 가지고 있다. 정전협정 협상, 남북한의 통일정책, 천
안함 사태, 그리고 북한의 일련의 핵실험에 대한 반응 등 한반
도 관련 문제에서 미국, 소련, 중국 등은 제2의 한국전쟁 발발
을 막는 대신 분단정전체제를 통제가능한 방식으로 유지하는
데 힘써왔다. 물론 오늘날 식민주의란 식민지 독립 이후이기
때문에 구 식민지 내 권력집단이 동맹, 국제협력 등의 이름으
로 강대국과 비대칭적 관계를 유지 강화하는 식으로 식민주의
가 전개된다. 한국의 경우, 미군 주둔, 미국의 한국 전시작전
통제권 보유, 무기체계 및 군사전략의 대미 의존성, 권력 엘리

트의 상당 부분이 미국 유학 출신인 점■ 등 중국, 일본을 거쳐 대미 의존이 식민주의와 무관하다 말할 수 없을 것이다. 물론 분단정전체제의 식민성은 '미국이 한국을 구원했다', '미국 없이 안보 없다'와 같은 대중들의 대미 의존 심리로 발전해 오늘까지 이어지고 있다. 식민주의는 힘에 의한 생존 및 지배 논리에 기반해 강대국의 약소민족 지배를 정당화하고 그 아래서 기생하는 행태를 '현실주의'로 합리화한다. 식민주의는 자주, 독립, 주체와 같은 말을 비현실적이고 시대착오적이라고 딱지 붙이고 배척한다. 대신 식민주의는 적자생존, 현실적응을 논리 안에 끌어들여 약소민족의 대중이 강대국의 선진(?) 제도와 이념을 받아들여 강대국의 뒤를 따라올 것을 주입한다. 분단정전체제의 속성 중 하나로 식민주의의 역사적 해악은 그것이 민족공동체 밖의 힘과 가치를 추종하고 내부로 끌어들여 공동체를 분열시키고 심지어는 정치적 이익을 위해 공동체를 파괴하는데 있다.

둘째, 분단정전체제가 지닌 심대한 폭력성과 위험성은 군

■ 김종영,『지배받는 지배자: 미국 유학과 한국 엘리트의 탄생』(서울: 돌베개, 2015).

사주의로 잘 드러난다. 분단의 일방인 남한에서 분단정전체제의 장기 지속을 객관적으로 분석하는 것은 힘든 일이다. 군사주의(militarism) 이론은 한반도형 장기분쟁인 분단정전체제의 본질과 특징을 드러내는 데 유용하다. 군사주의 연구의 선구자인 베그츠(A. Vagts)는 냉전의 한복판에서 쓴 『군사주의의 역사 *A History of Militarism*』(1937, 1959)에서 군사주의를 "민에 대한 군의 지배, 군의 요구가 사회에 부당하고 압도적으로 수용되는 일", 혹은 "군사기구가 시민의 생활과 행동을 계속해서 통제하려는 경향"이라고 정의한 바 있다. 군사화는 군사주의가 침투하는 물질적, 이데올로기적 과정과 그것이 사회적 구조로 확립된 상태를 일컫는다. 군사화의 징표로 군부 권위주의 통치, 군사비 증가, 무기거래, 쿠데타 등이 꼽히는데 그 특징과 동전의 앞뒤를 이룬다. 군사화의 특징은 군의 정치적 과대성장, 군의 비국방 분야(특히 경제)로의 진출, 군대 문화의 사회화 등이다. 군사주의는 또 가부장제, 권위주의와 연합해 평화문화를 저해한다.

분단정전체제의 속성과 특징을 가장 잘 드러내는 개념은 군사주의다. 군사주의는 행동, 의식, 구조 등 크게 세 차원에서 작동하고 있다. 한반도에서 군사주의적 행동, 특히 물리적 충돌이 일상적으로 일어나는 것은 아니다. 그러나 분단정전 체제 하에 놓인 한반도에서 군사적 대치가 제도화되어 있고 해상과 육상에서 물리적 충돌이 가시지 않고 있다. 북한은 미국으로부터의 안보위협을 이유로 핵개발을 감행하고 있고 2009년 4월 헌법에 "선군사상을 지도적 지침으로 삼는다"고 명시해 향후 군사주의적 행동을 정당화 하였다. 이에 맞서 한국과 미국은 합동군사연습의 규모와 강도를 발전시켜 북한 최고지도자에 대한 참수작전, 군사시설에 대한 선제공격훈련을 공개리에 전개하고, 나아가 북한 위협을 명분으로 미국 무기체계의 도입과 한미일 삼각동맹을 확대하고 있다. 분단정전 체제의 핵심이 군사주의고, 그 핵심이 군사주의적 행동이라는 지적이 과언일까? 2010년대 이후 높아지고 있는 한반도에서의 군사적 긴장은 이 질문에 긍정하고 있다.

둘째, 의식 속의 군사주의는 사람의 폭력 성향을 말하는데 개인적, 집단적 차원을 망라한다. 군사화된 북한은 물론, 한국 사회의 경우도 정치적 자유와 시민적 권리가 분단을 이유로 제한되고 경우에 따라서는 이적(利敵) 행위로 간주되기도 한다. 정치적 반대세력 혹은 나와 입장이 다른 사람에 대한 적대의식을 '친북', '종북'이라고 덧칠하는 것은 마음속의 군사주의가 정치사회적으로 표출된 것이다. 의식 속의 군사주의는 군사주의적 행동과 연계되어 구조적 군사주의를 만들어낸다.

구조적 군사주의는 국가 수준과 국제 수준에서 발견할 수 있다. 국가 수준에서는 군사부문이 타 부문에 비해 갖는 상대적 크기(예산, 인력, 정책 등)와 타 부문과 맺는 관계(문민통제, 군부독재, 위계관계 등)를 통해 살펴볼 수 있다. 국제 수준에서 군사주의는 동맹국 간 무기거래 증가와 군사적 통합, 군사기술 이전 등으로 나타난다. 무기 공동생산을 통해 동맹국들 사이에 경제적, 군사적 통합이 추진된다. 합동군사연습, 군장비 표준화, 정보공유 및 합동지휘체계 형성은 구조적 군사주의를 추진하는 수단이자 그 실제이기도 하다. 한미동맹관계는 구조적 군사주의의 전형이라고 말할 수 있을 것이다.

셋째, 분단정전체제의 속성 중 하나로 권위주의를 꼽는 것은 이 체제가 민주주의와 인권에 반하기 때문이다. 분단폭력을 한반도형 권위주의의 표출로 볼 때 그것은 주로 대내적 차원에서 다뤄질 수 있다. 분단을 이유로, 북한의 위협을 명분으로, 북한 주장과 유사하다는 판단 하에 상대를 낙인찍고 자신의 주의주장을 정당화하는 경우를 어렵지 않게 볼 수 있다. 여기서 '자신'과 '주의주장'에 구체적인 예를 대입시켜 보면 분단폭력의 권위주의적 본질은 더 분명하게 알 수 있다. 물론 분단폭력의 권위주의적 속성은 북한의 경우에는 극단적인 현상으로 나타난다. 정치적 경쟁자에 대한 숙청, 전반적으로 심각한 인권침해, 나아가 지속적인 대규모 군사주의 정책이 대표적인 예이다.

남북한 사회가 분단폭력의 권위주의적 성격에서 벗어나지 못한다면 남북한 관계도 권위주의적 성격에서 벗어나지 못한다고 보는 것이 합리적인 가정이다. 인도주의적 문제가 두 분단권력이 엮어내는 정치적 관계에 의해 해결되지 못한 채 정략적으로 이용돼 왔고, 상대에 대한 불신으로 민간의 통일논의는 규제를 받아왔다. 분단정전체제의 권위주의적 성격은 남북한 사회와 남북관계에 걸쳐 연명하고 있다.

식민주의, 군사주의, 권위주의는 분단정전체제를 특징짓고 유지시키는 세 축이다. 이들은 상호 깊은 연관을 갖고 있기에 하나하나 별개로 다룰 일이 아니다. 식민주의는 권위주의

를 전제로 하고 있고 군사주의를 촉진한다. 군사주의는 식민
주의를 변용시키고 권위주의를 지속시킨다. 권위주의는 군사
주의를 정당화하고 식민주의를 온존시킨다. 요컨대 이들 셋
의 지속적인 상호의존이 분단정전체제를 재생산하고 있으니
분단정전체제의 극복은 이 셋의 극복과정에 다름 아니다. 분
단정전체제의 극복은 한반도에 자결, 평화, 인권을 꽃피우는
인류 보편사적인 의의를 갖는 이유가 여기에 있다.

4장

평화통일을 향한 발걸음

1. 남북관계의 부침

분단과 전쟁 이후부터 1980년대 중반까지 남북은 대결과 적대로 일관해왔다. 일시적인 해빙 무드 속에서 1972년 7·4 공동성명이 채택되고 남북조절위원회가 몇 차례 열렸지만 그걸로 끝이었다. 1980년대 후반 냉전이 해체되는 분위기 속에서 남북도 조심스럽게 당국 간 회담과 민간교류를 추진하였다. 전두환, 노태우 정권은 정권의 정통성 문제를 남북대화로 만회하려 할 필요가 있었고, 북한은 불리하게 움직이는 국제정세를 타개하는데 대화가 유용해보였다. 1980년대 말~1990년대 초 일련의 고위급회담을 가진 결과 남북은 '남북기본합의서'를 채택해 화해와 상생의 길을 열어가는 듯했다. 그러나 북한 핵문제가 부상하면서 남북관계는 다시 얼어붙었다.

김영삼정부 들어서는 대화와 대결이 교차하면서 남북관계는 진전하지 못했다. 대신 북미관계가 개선되는 현상이 일어나기도 했다. 분단 이후 본격적인 남북대화는 김대중정부 들어서였다.

한국 정치사에서 진정한 정권교체를 이룬 김대중 대통령은 1998년 2월 취임식에서 "남북관계는 화해와 협력 그리고 평화정착에 토대를 두고 발전시켜 나가야 할 것"임을 밝혔다. 김대중정부는 대화를 통한 남북협력과 북한변화를 추구하며 대북정책을 '햇볕정책'으로 불렀다. 정부는 대북정책 3원칙으로 △무력도발 불용, △흡수통일 배제, △남북 화해협력을 제시했다. 북한은 처음 김대중정부를 의심하며 탐색하다가 대화에 나서기 시작했다. '국민의정부'는 진정성 있는 메시지와 인도적 지원을 통해 초보적인 신뢰를 닦은 다음 본격적인 신뢰구축을 추진해나갔다. 2000년 6월 역사적인 남북정상회담이 평양에서 열려 김대중 대통령과 김정일 국방위원장은 6·15공동선언을 채택했다. 남북정상회담은 그 이전과 이후로 남북관계를 구분 짓는 분기점이 되었다. 사실 6·15 공동선언 이후 남북관계가 본격적으로 열린 것이라 해도 과언이 아니다. 6·15공동선언으로 화해협력을 약속한 남북은 개성공단, 금강산관광, 경의선 철도복구, 인도적 지원 등의 사업을 전개해나갔다. 이 시기 남북 간 화해협력은 북핵 동결, 북미관계 개선 등과 맞물려 전개되어 평화의 순풍을 가져다주었다(표 1 참조). 2000년에는 북미관계가 급진전하면서 클린턴 대통령의 방북이 예상되기도 했다.

<표 1> 2000년 남북정상회담 이후 전개된 당국 간 대화

정상 회담	남북정상회담, 남북특사접촉, 남북정상회담 준비접촉, 통신·보도 실무접촉, 의전·경호 실무접촉
장관급 회담	장관급회담, 실무접촉 (2차 정상회담 이후 총리급회담으로 격상)
군사 분야	남북국방장관회담, 남북장성급군사회담, 남북군사실무회담·접촉, 남북군사실무접촉, 군사통신실무자접촉, 동해선통신선연결실무접촉
경제 분야	남북경제협력추진위원회, 남북경제협력실무접촉, 금강산관광활성화당국회담, 철도·도로연결실무협의회, 남북철도·도로연결실무접촉, 임남댐 공동조사실무접촉, 개성공단건설실무협의회, 개성공단건설실무접촉, 임진강수해방지실무협의회, 남북전력협력실무협의회, 남북해운협력실무접촉, 원산지확인실무협의회, 청산결제실무협의, 남북경제협력제도실무협의회
적십자	남북적십자회담, 남북적십자실무접촉, 면회소건설추진단회의
체육 분야	아시아경기대회참가실무접촉, U대회참가실무접촉

* 출처: 통일부 자료마당

2001년 대북 관여정책(engagement policy)▪을 비판해온 조지 W. 부시 행정부가 등장하고 그해 9·11테러가 발생하였다. 2002년 10월 북한은 방북한 미국 고위인사에게 우라늄을 이용한 핵개발을 인정하였다. 소위 2차 북핵위기가 발생한 것이다. 김대중정부는 미국과 긴밀한 협의와 신중한 상황 판단으로 위기를 관리하며 남북관계를 어렵게 유지해나갔다. 한반도 긴장이 고조된 가운데 2003년 2월 노무현정부가 등장하였다. 노 대통령 취임 첫해 대북송금문제로 남북관계가 일시적으로 흔들렸으나 교류·협력을 지속시키고 당국 간 대화를 통해 잘 관리해나갔다.

햇볕정책을 계승한 노무현정부는 '한반도의 평화증진과 공동번영'을 목표로 △대화를 통한 문제 해결, △상호신뢰와 호혜주의, △남북 당사자 원칙에 기초한 국제협력, △정책의 투명성 제고와 국민과 함께 하는 정책 등과 같은 추진원칙을 제

▪ 'engagement policy'를 '포용정책'으로 옮기는 경우도 있는데 그럴 경우 engagement policy가 유화정책과 혼동되거나 그럴 의도로 지칭되기도 한다. 그러나 engagement policy는 자국의 안보와 정체성 수호를 전제로 타방의 사고와 행동에 변화를 끌어내기 위해 접촉, 교류, 타협을 적극적으로 구사하는 외교행태를 지칭한다.

시했다. '참여정부'는 민간교류, 경제협력 분야를 중심으로 남북관계를 점진적으로 발전시켜 나갔고, 다른 한편 북핵문제의 평화적 해결을 목표로 2003년 8월 6자회담을 성사시켜 어렵게, 어렵게 유지시켜갔다. 그러나 부시 행정부의 대테러전쟁이 진행되는 가운데 북한과 미국의 입장이 평행선을 그리면서 6자회담은 한 치 앞을 내다볼 수 없었다. 노무현정부는 북한과 미국을 설득하고 중국 등과 협의해 한반도 비핵화와 평화 정착, 북미·북일관계 정상화 등을 담은 9·19공동성명(2005)을 채택하는데 촉진자 역할을 수행했다. 곧이어 BDA 사태■와 북한의 1차 핵실험이 있었지만 2007년 들어 2·13합의와 10·3합의 도출을 촉진하며 북한의 핵포기를 진전시켜 나갔다. 그와 병행해 노무현정부는 2차 남북정상회담을 성사시켜 '남북관계 발전과 평화번영을 위한 선언'(소위 10·4선언)을 도출해낸다. 10·4선언 이전에도 노무현정부 들어 남북관계는

____

■ 9·19 공동성명 발표 직후 미 재무부는 북한이 마카오 소재 방코델타아시아(BDA)은행을 이용해 자금세탁을 했다고 판단하고 북한에 경제제재를 추진하였다. 북한은 이에 반발해 6자회담 중단을 선언하고 2006년 10월 9일 핵실험을 단행했다. 이 국면을 탈피해 6자회담을 재개하는데 한국과 중국의 역할이 컸다.

당국, 민간 양 차원에서 발전해왔지만 그 이후에는 10·4합의 이행과 남북관계 제도화를 위한 각급 당국 간 회담과 민간협력이 더욱 활발해졌다. 경제협력, 민간교류, 인도적 지원 등 남북관계를 보여주는 모든 지표들이 이때 기록을 경신했다(표 2).

<표 2> 남북회담 및 남북합의서 현황

시기	정치	군사	경제	인도	사회문화	총계	남북합의서
1987년 이전	34	0	5	93	11	143	9
1988-1992	122	0	0	18	23	163	20
1993-1997	21	0	0	7	0	28	6
1998-2002	36	15	20	7	2	80	47
2003-2007	35	29	71	19	17	171	117

* 출처: 통일부 자료마당

그러나 다시 남북관계와 한반도 정세는 급변한다. 2008~9년 서울과 워싱턴에서 일어난 정권교체가 기존의 정세에 영향을 미쳤다. 2008년 2월 들어선 이명박정부는 노무현정부 때까지의 남북관계 발전을 부정하고 북핵문제에 남북관계의 모든 사안들을 종속시키는 소위 '비핵·개방·3천'을 대북정책 방향으로 내세웠다. 남한의 대북정책 전환은 2009년 2월 출범한 오바마 행정부의 적극적인 대북 협상 의사에 발목을 잡았다. 거기에 오바마 대통령의 취임에 즈음한 북한의 장거리 로켓 발사와 그해 5월 2차 핵실험으로 한국과 미국은 대북 압박에 나섰다. 그리고 2010년 3월 26일 천안함 침몰이 발생해 한반도 정세는 더욱 악화되었고 그해 11월 23일 연평도 포격전으로 정점에 이르렀다. 그에 앞서 2008년 7월 10일 금강산 관광에 나선 남한 민간인이 피살되고, 2009년 4월에는 북한이 개성공단을 일시 폐쇄하는 등 이명박정부 들어 처음부터 남북관계는 대립과 경색국면을 벗어나지 못했다. 인도적 지원, 경제협력, 민간교류는 5·24 제재 조치로 중단되었고, 개성공단도 초기 수준을 유지하는데 그쳤다. 그와 함께 북핵문제를 다루던 6자회담이 2008년 12월을 끝으로 중단되고 대신 북한의 핵능력은 커져만 갔다. 이명박정부의 대북정책은 전임 정부의 정책과 기존 남북 간 합의를 전면 부정함으로써 대북정책에서 일관성, 남북관계에서 신뢰를 상실했다. 그리고 궁극적인 정책 목표(비핵화)를 정권 출발 때부터 앞세움으로부터 남북대화와 북한의 호응 가능성을 스스로 차단하였다.

이명박정부에 이어 2013년 2월 출범한 박근혜정부도 5·

24조치를 유지하였다. 박 대통령 취임 직전에 감행된 북한의 3차 핵실험(2.12)에 따른 다방면의 대북제재도 새 정부의 대북정책에 긍정적으로 작용하지 못했다. 그런 환경에서도 박근혜정부는 남북관계의 정상화를 목표로, 원칙 있는 대북정책을 기조로 한 대북정책을 '한반도 신뢰프로세스'로 제시했다. 박근혜정부는 남북관계 정상화를 위해 △인도적 문제 해결의 적극 추진, △남북 대화채널 개설 및 기존 합의 실천, △호혜적 교류협력의 활성화, △정치·군사적 신뢰구축 및 교류협력의 상호보완적 발전, △남북 간 신뢰와 비핵화 진전에 따라 '비전코리아 프로젝트' 추진 등을 계획하였다. 그리고 신뢰의 진전 정도에 따라 '작은 통일'에서 '큰 통일'로 나아갈 것이라고 밝혔다. 박근혜정부는 5·24조치를 유지하면서도 북한과의 신뢰조성을 모색하였다. 국제기구를 통한 북한 취약계층 지원, 개발지원협력, 나진-하산 프로젝트 추진, 개성공단 유지, 역사학술교류 지원 등을 추진하며 관계개선을 모색했다. 그러나 북한은 박근혜정부의 대북정책이 북한정권과 주민을 분열시키고 미국과 공조해 군사적 압박을 강화하여 궁극적으로 체제붕괴를 추구하는 것이라고 인식하고, 불신을 거두지 않았다. 2015년 여름 휴전선 일대에서의 총격전과 그 직후 일회성 고위급접촉, 12월 차관급접촉의 결렬은 박근혜정부 들어서도 남북관계에서 신뢰가 조성되지 않았음을 말해준다. 그리고 2016년 1월 북한의 4차 핵실험, 2월 장거리로켓 발사와 그에 따른 개성공단 폐쇄 및 일련의 대북제재로 볼 때 박근혜정부에서 남북관계가 대화와 협력으로 전환하기는 매우 어려울 것이다. 그런 판단에는 개성공단 폐쇄와 제재는 물론 한미합동군사훈련이 김정은 참수, 북한으로의 진격, 선제공격 등 가장 공격적인 내용을 담고 있기 때문이다. 다만, 4·13 총선 패배 이후 정부가 국정 쇄신 차원에서 대북정책 변화를 모색할지는 미지수다.

개성공단 폐쇄와 제재 일변도의 박근혜정부의 대북정책 전환은 북한의 잇단 도발에 대한 강력한 대응이라고 할 수 있다. 그럼에도 제제와 압박 위주의 대북 접근은 첫째, 정부가 천명해온 '신뢰프로세스'를 스스로 중단시키고 둘째, 정부의 공약과 남북 합의■를 파기하는 것이고 셋째, 한반도와 동북

■ 여기서 '정부의 공약'은 박근혜정부가 등장하면서 이산가족 상봉을 "남북 간 정치적 관계와 무관하게" 추진할 것이라 한 것을 말하고, '남북 합의'는 2013년 8월

아를 전쟁의 위험으로 몰아넣은 처사라는 비판을 살 수 있다. 그 결과 이산가족은 한을 품고 생을 등지고 있고, 개성공단 입주 기업과 연관 업체는 도산에 빠지고, 반도의 모든 주민들은 불안을 안고 살아가고 있다. 〈표 3〉과 〈표 4〉는 통일부가 집계한 자료인데, 2015년 12월 말까지 이산가족 교류와 대북 인도적 지원 현황을 보여주고 있다. 여기서 이 두 사안이 노무현, 이명박, 박근혜정부 시기에 각각 차이가 있음을 알 수 있다.

〈표 3〉 이산가족 교류 현황(당국 차원)

* 단위: 건/명

구분	1985~2002	2003	2004	2005	2006	2007	2008	2009
생사 확인	1,862 12,005	963 7,091	681 5,007	962 6,957	1,069 8,314	1,196 9,121	-	302 2,399
서신 교환	671 671	8 8	-	-	-	-	-	-
방남 상봉	331 2,700	-	-	-	-	-	-	-
방북 상봉	735 2,817	598 2,691	400 1,926	397 1,811	594 2,683	388 1,741	-	195 888
화상 상봉	-	-	-	199 1,323	80 553	278 1,872	-	-

북한의 3차 핵실험 여파로 중단됐던 개성공단을 정상화하면서 남북이 "어떠한 경우에도 정세의 영향 없이" 공단의 정상적 운영을 보장한다는데 합의한 바를 말한다.

구분	2010	2011	2012	2013	2014	2015	계
생사 확인	302 / 2,176	-	-	316 / 2,342	-	317 / 2,155	7,970 / 57,567
서신 교환	-	-	-	-	-	-	679 / 679
방남 상봉	-	-	-	-	-	-	331 / 2,700
방북 상봉	191 / 886	-	-	-	170 / 813	186 / 972	3,854 / 17,228
화상 상봉	-	-	-	-	-	-	557 / 3,748

* 출처: 통일부 자료마당

〈표 4〉 대북 지원 현황

(단위: 억원)

구분			1995~2001	2002	2003	2004	2005	2006	2007	2008	2009
정부차원	무상지원	당국 차원	3,871	832	811	949	1,221	2,000	1,432	-	-
		민간단체 기금지원	96	65	81	102	120	134	216	241	77
		국제기구 등을 통한 지원	647	243	205	262	19	139	335	197	217
		계	4,564	1,140	1,097	1,313	1,360	2,273	1,983	438	294
	식량차관		1,057	1,510	1,510	1,359	1,787	-	1,505	-	-
	계		5,621	2,650	2,607	2,672	3,147	2,273	3,488	438	294
민간차원(무상)			1,863	576	766	1,558	779	709	909	725	377
총액			7,484	3,226	3,373	4,230	3,926	2,982	4,397	1,163	671

구분			2010	2011	2012	2013	2014	2015	합계
정부차원	무상지원	당국차원	183	-	-	-	-	-	11,249
			21	-	-	-	-	23	1,176
		민간단체 기금지원	-	65	23	133	141	117	2,743
		국제기구 등을 통한 지원	204	65	23	133	141	140	15,168
		계	-	-	-	-	-	-	8,728
	식량차관		204	65	23	133	141	140	23,896
	계		200	131	118	51	54	114	8,929
민간차원(무상) 총액			404	196	141	183	195	254	32,825

* 출처: 통일부 자료마당

2. 교회통일운동의 전개

교회의 통일운동은 민족의 화해와 통일, 그리고 남북한 교회의 교류협력을 향한 교회의 다양한 기도와 활동을 말한다. 교회의 통일운동은 분단과 전쟁 이후 지속되어 왔는데 시기에 따라 그 양상에 변모를 보여 왔다. 남북관계, 정부의 대북정책, 교회를 포함한 국내 여론, 그리고 교회의 관심과 역량에

따라 교회통일운동은 변화해왔다. 구체적으로 교회통일운동
은 국내에서 전개하는 다양한 형태의 사업은 물론 남북교회의
교류, 대북 인도적 지원운동, 화해통일에 알맞은 국내 법제도
개혁, 국제협력활동 등의 형태를 띤다.

분단이 한민족에게 멍에를 지워주었고 교회에게는 원죄와
같이 다가온다. 신앙의 선조들은 민족독립 없는 민족에게 신
앙은 절름발이에 불과하다고 고백했다. 마찬가지로 분단의
극복 없이 그 아래서 신앙은 온전하지 못할 것이다. 하나님은
유대민족에게 적대와 분열을 이겨낼 것을 명령하셨다. 예수
는 휴전선 철조망에 서서 분단 겨레가 화해하고 통일할 것을
말씀하고 계신다. 그 부름에 교회가 기쁜 마음으로 달려가지
않는다면 자기 이익을 좇는 사람들과 무엇이 다를까. 한국교
회가 통일운동에 나서는 일은 영광스러운 일이자 선택받은 자
의 선교 과제이다.

분단 이후부터 2016년 현재까지 한국교회의 통일운동은
크게 다섯 시기로 나누어 생각해볼 수 있다. 제1기는 맹아기
로서 분단 이후부터 1970년대 말까지다. 분단이 되면서부터
한국교회는 민족의 화해와 통일을 위해 기도하고 분단의 장벽

을 넘는 일을 모색해 나갔다. 그러나 전쟁의 후유증은 심각했고, 그것은 오래갔다. 반공을 국시로 내건 독재정권 치하에서는 일반 사회는 물론 교회까지 형제보다 이념을, 사랑보다 미움을 강요받았다. 국민들의 전반적인 자유가 억압당했다. 경제성장을 명분으로 인간의 존엄성이 모두 희생당하는 암흑의 시대가 이어졌다. 박정희 독재정권이 유신으로 정권 영구화를 기도하자 교회는 신앙의 양심에 따라 인권, 민주화를 위해 예언자의 사명을 감당해나갔다. 민족의 화해와 통일을 전면에 내세우기 어려웠다. 통일문제를 자유롭게 논의하기 위해 민주화가 우선 중요했고 금기시된 민족·통일문제를 자유롭게 말할 수 있는 인권이 필요했다. 물론 선구적인 인사들은 통일과 민주화가 상호보완관계에 있음을 깨닫고 이 둘의 조화로운 실천을 모색해나갔다. 그럼에도 전반적으로 박정희 독재정권 시기는 민주화·인권운동이 앞섰고 통일 논의가 그 뒤를 따르는 형국이었다.

제2기는 통일논의의 모색기로서 1980년대 초중반이 이때다. 1980년대 들어서도 자유로운 통일 논의는 불가능했고 총칼로 들어선 전두환 군사독재정권의 서슬이 퍼렜다. 그러나

교회에서는 새로운 움직임이 일어났으니 교회가 금기시되어
온 민간의 통일 논의를 불러일으켰다. 1981년 6월 서울에서
열린 한독교회협의회에서 양국 교회 지도자들은 분단국가에
서 통일이 교회의 과제임을 공동 인식하고 한국교회가 통일문
제를 다루는 기구를 설치할 것을 권고했다.■ 이듬해 한국기
독교회협의회(NCCK, 교회협)는 통일연구위원회를 설치해
통일논의를 해나면서 통일논의의 정부독점 관행을 깨 한국사
회에 파장을 던졌다. 이러한 교회의 예언자적 움직임은 분단
과 전쟁이 냉전체제의 부산물이고 분단 극복 없이 완전한 민
주화도 불가능하다는 신앙고백에 따른 것이다. 이어 1984년
일본 도잔소에서 세계교회협의회(WCC) 주최로 열린 국제협
의회에서 한반도 평화통일이 세계교회의 과제이고 이를 위해
남북한 교회의 만남이 있어야 한다는데 공감대를 형성했다.
그 후 많은 기도와 노력의 결과 1986년 스위스 글리온에서 남
북한 교회 대표가 최초로 만나 통일을 위한 공동예배를 봉헌

■ 1990년대까지 교회통일운동은 김상근, "한국교회 평화통일운동 평가와 제언,"
한국기독교교회협의회 통일위원회 편, 『한국교회 평화통일운동 자료집』(서울:
2000), pp. 16~21.

했다. 이런 과정에서 교회협은 군사정권의 감시와 탄압을 받았으나 기도와 신앙의 힘으로 이겨나갔다. 그 결실로 민주화의 감격이 가시지 않은 1988년 2월, 88선언이 채택되었다.

제3기는 통일희년운동기로 1988~1997년 사이다. '민족의 통일과 평화에 대한 한국기독교회선언', 곧 88선언은 한국교회는 물론 한국사회, 나아가 민족 전체에 통일의 방향성을 제시한 장거였다. 88선언은 한국교회의 과제를 제시하며 그 중 하나로 1995년을 "평화와 통일의 희년"으로 제시하고 교회통일운동이 신앙운동이자 정의평화운동임을 보여주었다. 남북교회는 1988년 11월 제2차 글리온 회동에서 희년 선언을 함께하였다. 이후 한국교회는 분단의 맥락, 통일의 희망 속에 희년이 갖는 의미를 생각하고 그 구체적인 과제를 만들고 확산해나갔다. 1990년대 들어 '문민정부'가 들어서 남북정상회담을 추진했지만 북핵 위기, 김일성 주석 사망, 북한의 식량위기와 대량탈북사태 등으로 남북관계는 얼어붙고 한반도는 전쟁 위기에 처했다. 한국교회는 한편으로는 세계교회와 연대해 남북교회 교류운동을 벌이는 한편, 다른 한편으로는 국내 통일운동단체들과 함께 북한주민들을 향한 인도적 지원,

탈북자 돕기, 전쟁반대, 남북대화 등을 위해 노력하였다. 세계적 전환기였던 이 시기 한국교회는 북한과 북한교회를 있는 그대로 그 실체를 인정하고 화해와 통일의 동반자로 삼고 협력의 계기를 확보해 나갔다. 그런 인식과 고백의 결과 한국교회는 평화와 통일을 위한 인간띠잇기운동, 북한교회건립 지원과 대북 인도적 지원운동에 광범위하게 동참하였다.

제4기는 남북화해협력이 활성화된 시기로 1998년부터 2007년까지다. 이 시기는 김대중, 노무현정부 시기인데 두 차례 남북정상회담이 성사되고 남북 당국 간, 민간 양 차원에서 교류협력이 활발하게 전개되었다. 앞선 시기 교회통일운동이 선도적이고 예언자의 역할을 했다면, 이 시기는 각계각층에서 통일운동이 활성화되기 시작했다. 그에 따라 교회통일운동도 열려진 공간에서 통일운동을 활발하게 전개할 수 있었고, 교회의 여건과 특성에 맞는 활동을 개발하면서 남·북·해외 교회의 교류협력사업도 활발하게 전개해 나갔다.

교회통일운동은 교회협 차원에서 교단을 통해, 혹은 일부는 선진적인 교회를 통해 개 교회로 확산되어 갔다. 교회협은 평화통일 남북공동기도주일, 3·1절, 8·15 광복절 연합예배를 개최하는 한편 각 계기에 개교회에서 이용할 수 있는 목회서신, 예배양식, 기도문을 작성 배포하였다. 특히, 1차 남북정상회담이 결실을 본 6월 15일부터 6·25 전쟁 발발일까지를 '민족화해주간'으로 선포하고 개교회에서 기도할 수 있도록 권면하고 기도문을 배포하였다. 남북교류활동으로 대표적인 것은 교회협과 북측의 조선그리스도교련맹(KCF, 조그련)이 금강산에서 공동 주최한 '6·15 공동선언 실천과 평화통일을 위한 남북교회 금강산 기도회'였다. 이 기도회는 2004년부터 시작해 2007년까지는 매년 5월 혹은 6월 중에 열렸으나, 이후 남북관계가 악화되면서 중단되었다. 또 6·15 공동선언 이후 남북 간 민간교류활동이 다방면에서 활발해졌는데 여기에 기독교인들은 교회협은 물론 개인, 개교회 등 다양한 차원으로 참여했다. 이 시기 북한은 대량탈북사태는 지났으나 식량부족 현상은 완전히 극복되지 못하였고 2004년 4월 22일 대규모 용천열차사고가 겹쳤다. 전국적으로 일어난 지원운동에 교회도 동참하는 한편, 교회 별도의 북한수해 지원은 심양, 단동 등지를 거쳐 북한주민들에게 전달되었다. 또 국제협력사업도 비교적 활발하게 전개되었다. 교회협은 회원 교단들과 함께 세계교회협의회, 아시아교회협의회(CCA), 독일개신교협의회 (EKD) 등과 협력하며 남북화해 및 통일, 대북 인도적 지원과 북한사회개발, 북한교회와의 연대 등을 전개해나갔다. 이런 협의의 계기가 된 행사로 도잔소 20주년 기념회의, 동아시아 평화를 위한 에큐메니칼 국제 심포지움 등이 있었다. 이 시기 국제협력 분야에서 눈에 띄는 일은 25여 개 세계교회 주요 교 단과 선교 단체들이 참여한 '한반도 평화정착과 북한사회개발 을 위한 에큐메니칼 컨소시엄'이 조직된 것이다. 물론 이 시기 남북은 남·북·해외 교회간 교류가 활발했지만 한반도 평화는 살얼음을 걸었다. 6자회담을 통해 힘들게 나아간 평화 프로세 스는 2006년 10월 북한의 1차 핵실험을 거쳐 2007년 비핵화 의 진전이 있었지만, 2008월 6자회담이 난항을 거듭하다가 12월 말 중단되고 말았다. 교류협력을 통한 화해와 통일 분위 기 조성이 위협받기 시작한 것이다.

제5기는 2008년부터 현재까지로 남북관계 악화, 교류협 력 중단, 한반도 평화 위협으로 특징지을 수 있을 정도로 매우 어려운 시기를 지나가고 있다. 자연히 민간통일운동이 위축 되었고 교회통일운동도 대중의 참여, 남북교류, 국제협력 등 모든 면에서 어려움이 나타났다.

교회통일운동은 적대와 불신을 뚫고 화해와 협력의 길을 찾아가는 예언자의 역할을 다시 요구받았다. 무엇보다 평화의 사도 역할을 감당해야 했다. 교회 차원의 통일운동은 앞선 시기에 시작한 기도회와 연합예배가 여러 계기에 진행되었고 통일교육사업도 다시 일어났다. 교회협은 평화를 찾고 통일의 방향을 만들어나가는 일을 벌여나갔다. 사순절 기간 릴레이 평화기도회, '2013 평화함께' 등을 통해 정전협정을 평화조약으로 전환할 필요성과 그 비전을 제시했다. 특히, 한일 강제병합 100년과 한국전쟁 60년 그리고 6.15선언 10주년이 되는 2010년 6월에는 1년여의 준비를 거쳐 '한반도 평화통일을 위한 한국교회 비전문서'를 발표했는데, 여기에는 평화통일을 향한 10대 과제, 한국교회의 실천방향과 다짐이 담겨있다.

남북교류가 거의 중단된 상태와 이명박정부의 대북압박정책으로 인도적 지원마저 규제를 받았다. 교회협과 조그련은 2009년, 2010년 각각 8월 심양에서 남북교회 평화통일공동기도회를 다시 열 것을 합의했으나 성사되지 못했다. 조그련 강영섭 위원장은 서울 방문을 요청받았지만 성사되지 못하고 이후 소천했다. 이 시기 남북교회의 공동기도회는 2014년 8월 13~16일 평양 봉수교회에서 가진 8·15 공동기도회가 유일하다. 한편 교회협과 회원 교단들은 정부에 인도적 지원을 촉구하는 동시에 해외교회와 협력해 인도적 지원을 지속해나갔다. 북한 어린이와 수해 피해 주민을 위한 분유, 밀가루 지원이 있었다. 이때 중국의 애덕기금회가 중간 역할을 감당해주었고 인천지역 교회의 협조가 있었다.

한반도 상황이 엄중해지자 한국교회의 통일운동은 국제협력을 더 활발하게 전개해나갔다. 베를린에서 출발해 러시아, 중앙아시아, 중국을 거쳐 한국으로 들어온 '2013 평화열차'와 부산에서 열린 제13차 WCC 총회는 한반도 평화통일에 관한 국제적 관심을 불러일으키는 좋은 계기가 됐다. 특히, WCC 부산 총회가 '한반도 평화와 통일에 관한 특별선언문'을 채택하고, 8·15 직전 주일을 한반도 평화통일을 위한 기도주일로 성수하며 평화조약 체결 운동을 전개하기로 결정하였다. 실제 이 선언문에 앞서 2013년 5월 15~17일 미국 아틀란타에서 한국교회, 미국교회, 주미한인교회가 연합해 개최한 '2013 에큐메니칼 한반도 평화 컨퍼런스'에서 이런 내용이 제시되었다. 부산 총회 이후에는 2014년 6월 17~19일 스위스 보세이에서 WCC 국제위원회 주최로 '한반도 정의, 평화와 화해를 위한 국제협의회'가 열렸는데, 이때 조그런 대표도 참석해 위 부산 총회의 통일 선언문을 공유했다. 한반도에 엄중한 상황이 이어지면서 교회통일운동은 사실상 평화운동으로 전환했다. 북한의 핵실험, 한·미·일의 대북 강경 정책, 남북 정부 간 상호 비방과 협력사업 중단이 잇달아 일어났다. 교회협은 북한의 핵실험에 대해 유감을 표시하면서 대화와 협상을 통한 문제 해결, 특히 남북 간에는 기존 합의 이행과 북미 간에는 수교와 핵문제의 포괄 해결을 촉구했다.

교회협은 천안함 사태, 연평도 포격 및 사격 훈련 반대, 첨단 전투기 도입 반대, 주한미군의 탄저균 반입 중단, 한미합동 군사연습 반대, 미국의 고고도미사일요격체계(THAAD) 도입 반대, 애기봉 등탄 재건립 반대, 개성공단 폐쇄 반대, 5.24 대북 제재 조치 해제, 미일방위협력 지침 폐지 등에 관한 일련의 입장을 국내·외에 발표했다. 동시에 교회협은 남북평화를 위한 기도회, 정책협의회를 열어 대책을 숙의하는 한편, 미국 행정부와 의회를 방문해 민간평화외교를 전개하기도 했다(2013.7.11~14).

3. 평가와 과제

이상 당국 차원의 남북관계와 교회통일운동을 살펴보면서
성찰할 점을 생각해보고자 한다.

먼저, 남한정부의 대북정책이 연속성보다는 변화가 크다
는 점이다. 크게 보아 냉전 붕괴 이후 남한의 대북정책은 관여
정책과 압박정책, 두 가지로 요약할 수 있는데 이 둘이 대립하
는 양상을 보였다. 가령 관여정책에서 압박정책으로 전환할
경우 북한의 입장에서는 갈피를 잡지 못할 정도로 어리둥절하
다. 관여정책은 상대를 있는 그대로 인정하는 바탕 위에서 관
계발전과 평화정착을 목적으로, 대화와 협력을 주 정책수단
으로 삼는다. 반면에 압박정책은 상대를 부정하는 시각 위에
서 상대를 압도, 붕괴하려는 목적을 갖고, 제재, 고립, 봉쇄 등
과 같은 수단을 이용한다. 민주주의 사회에서는 모든 정책이
정권교체에 따라 변하는 게 자연스럽다. 그렇지만 그 변화의
정도가 문제다. 특히, 상대가 있고 중장기 미래를 대비하는 대
북정책의 경우 거시적 시각에서 일관성을 견지하는 것이 매우
중요한 덕목이다. 대북정책이 조변석개(朝變夕改)하는 모양이

면 국내적으로는 정쟁의 늪에 빠지고, 국제적으로는 한국정부에 대한 지지도가 낮아지고, 결정적으로 북한은 남한을 상대하려 하지 않는다. 이렇게 되면 결과적으로 통일은 멀어지고 적대와 대결이 국민과 겨레 전체를 괴롭힌다. 대북정책의 일관성 확립을 위해서는 기본적인 정책 공감대(policy consensus)를 형성할 필요가 있다. 그동안 국회와 시민사회에서 대북정책에 관한 국민적 공감대 마련을 위해 꾸준히 논의해왔고 몇 차례 성과가 있기도 했다. 대북정책의 공감대 마련을 위해 정부와 국회가 활발히 소통하는 동시에 합의된 바를 정책에 반영해야 할 것이다. 그동안의 논의에서 대북정책 공감대로 제시된 것으로는 평화주의, 인도적 문제 우선, 상생의 남북협력, 민관 역할분담 등을 꼽을 수 있다.■ 이런 대북정책 공감대를 마련하기 위해서는 무엇보다 정치권이 북한·통일문제를 정략적으로 이용하지 않고, 특히 최고지도자가 평화통일 철학을 갖고 민의에 열린 태도를 갖는 자세가 필수적이다.

둘째, 남북 간 신뢰 없이 평화통일은커녕 남북관계가 한발

■ 이에 관해서는 이 책 제5장 2절을 참고할 것.

짝도 나아갈 수 없다. 전쟁까지 치르고 평화가 정착되지 않은 상태에서 남북 간의 신뢰란 한계가 있을 수밖에 없다. 또 그렇기 때문에 신뢰가 중요하다. 지독한 역설이다. 남북 간 신뢰는 불완전하지만 신뢰를 축적해나가야 평화를 만들어낼 수 있고 통일을 내다볼 수 있다. 남북 간 신뢰를 축적해나가는 방법은 적어도 다음 세 가지 의지에 달려있다. 남북의 두 정상이 상대를 존중하고, 남북한 당국이 상생의 협력에 나서고, 기존 합의를 이행할 의지가 그것이다. 이 세 가지를 가지고 지금까지 나타난 남북관계의 양상과 남(북)한의 대북(남)정책을 평가하면 정확할 것이다. 이명박정부는 6·15공동선언, 10·4정상선언 등 기존 남북 간 합의를 존중하지만 이행은 별개의 문제라는 식으로 기존 합의를 부정했다. 박근혜정부는 이명박정부가 시행해온 5·24 대북 제재 조치를 폐지하지 않으면서 '신뢰프로세스'를 내세웠으니 북한으로부터 신뢰를 얻을 수 없었다. 물론 그사이 천안함·연평도 사태, 핵실험 등 북한의 도발이 계속됐다. 현 김정은 정권은 김정일 정권 말기에 이명박정부의 남북 합의 파기를 보고 관계 개선의 길을 버리고 핵무장 강화의 길을 결심했는지 모른다. 잇단 핵능력 강화 조치와 '경제

·핵 병진노선'으로 미루어볼 때 김정은 정권이 남한과 신뢰형성에 나설 의지가 있는지 의문이다. 불신이 불신을 낳고 그것은 눈덩이처럼 커져 한반도는 전쟁 위험에 빠져들 수도 있다. 남북 간 신뢰구축과 교류협력이 선순환 관계에 있음을 깨닫는 것이 절실하다.■

세 번째로 평가할 점은 대북정책에서 민관협력의 중요성이다. 남북관계가 좋았던 김대중, 노무현정부 시기 민관협력은 시행착오에도 불구하고 대체로 잘 이루어졌다고 할 수 있다. 남북 당국이 열어놓은 공간에서 민간교류협력 사업은 활발하게 전개되었다. 이 시기 한국인들은 중국을 통한 백두산 관광보다는 금강산 관광, 평양 방문을 선호했고 직능별 남북 공동행사가 봇물이 터지듯 하였다. 그러나 남북관계가 악화된 이명박, 박근혜정부 들어 남북 민간협력은 고사하고 교류 사업마저 중단되고 정부 지원을 받은 반북우익 성향의 단체들이 활개를 펴고 있다.

여전히 대북·통일정책의 방향은 집권자와 정부의 주도로

■ 민족화해협력범국민협의회 정책위원회 엮음, 『남북교류협력의 재조명: 분야별 진단과 과제』 (서울: 선인, 2015) 참조.

결정된다. 이제는 대북 인도적 지원운동도 휴업 상태고 화해협력을 추구하는 시민단체들의 활동도 크게 위축되었다. 남북관계에 있어서 정부와 시민사회, 즉 민관이 대등한 관계는 아니다. 그렇기 때문에 정부 정책을 지지하는 것이 민관협력인지 생각해볼 일이다. 이는 남북관계가 좋았을 때도 마찬가지다. 남북 교류협력에 나선 민간단체들이 조직의 독립성을 유지하면서 정부 정책을 감시, 비판 했는지 성찰해볼 필요가 있다. 정부는 재정과 대북교류사업의 허가권을 이용해 민간단체를 규제하는 잘못된 관행에서 벗어나야 한다. 인도적 지원, 순수 민간교류까지 정부가 남북관계를 이유로 규제 단속하는 처사는 권위주의적 행태이다. 정부도 말로는 대북 인도적 지원은 남북 간 정치적 관계와 별도로 지속해나간다고 말할 정도다. 그러나 말뿐이다. 계속 단속 규제하고 있다. 남북관계가 좋지 않을 때도 민간교류를 허용하는 것이 민주주의 정부의 태도이고 남북 간 신뢰조성에도 유용하다. 요컨대, 평화통일문제에서 민관협력은 관이 민을 대등하고 독립적인 주체로 인정하고, 민은 독립성 하에서 정부와 파트너십(partnership)을 형성할 때 실현된다.

넷째, 평화의 절박성이다. 남북 경제협력도 중요하고, 대
북 인도적 지원도 중요하고, 북한인권 개선도 중요하다. 그러
나 평화 없이는 모든 게 무의미하다. 생명 없이 존재 없고, 존
재 없는 실천이란 허구거나 기만이다. 2010년대 한반도 정세
는 특히 위험하다. 북한의 핵무장과 한미 양국의 대북 압박이
겹쳐 전쟁 위험이 가시지 않기 때문이다. 특히, 북한의 핵실험
과 한미합동군사연습이 겹치는 매년 1/4분기가 그렇다. 남북
관계가 좋을 때도 평화의 중요성은 떨어지지 않는다. 김대중,
노무현정부 때도 서해교전이 있었다. 한반도 주민들이 정전
체제 아래서 살고 있음을 언제나 실감할 수 있다. 그러나 그때
와 대북 압박정책을 기조로 하는 이명박, 박근혜정부 때는 위
기관리 면에서 다르다. 2008년 이후 남한정부는 무력충돌 시
선 조치 후 보고, 미국과 연합한 선제공격연습, 김정은 '참수'
공언 등 위기를 고조시키는 언동을 숨기지 않는다. 이는 북한
의 호전적 태도와 맞물려 한반도 모든 주민들의 생명과 생존
을 위협한다. 안보를 명분으로 한 분단권력의 안보 마케팅에
대중의 삶, 민족의 생존이 저당 잡힌 꼴이다. 이제 통일은 상
생, 공존, 미래 비전이 아니라 상대를 붕괴시키는 명분으로 탈

바꿈하고 있다. 분단권력의 안보정치에 의해 평화통일의 원칙은 실종됐고, 두 분단정권은 통일국가가 평화공동체임을 깨닫지 못하고 있다.

마지막으로 교회통일운동에 관한 평가다. 다른 민간통일운동에도 적용할 수 있겠지만 교회통일운동은 예언자의 역할과 저변 확대의 역할, 두 가지 성격이 있다. 이 둘은 남한 내 정치사회적 상황과 남북관계에 따라 상대적인 비중이 달라질 수 있다. 통일 논의가 금기시되고 권력이 통일문제를 정략적으로 이용하고 남북이 적대할 때는 예언자 역할이 더 요청된다. 교회는 이 일을 감당해왔다. 남북관계가 좋고 민주정치가 전개될 때는 저변 확대가 요청될 수 있다. 이 점에 대해서도 교회가 한 일은 앞에서 살펴보았다. 그러나 이 둘은 조화를 이루며 가야 할 동반자 같은 관계다. 교회가 이 두 역할을 조화롭게 감당해 나가려면 연합기관-교단-개교회 사이의 협력과 소통이 중요하다.

5장

평화통일의 길

1. 기존 논의 평가

그동안 남북한 정부는 물론 정당, 사회단체, 그리고 통일에 관심 있는 개인들은 다양한 통일논의를 전개해왔다. 그 가운데는 통일방안에 관한 연구와 제안도 포함되어 있다. 통일방안에는 통일 원칙, 통일국가의 상, 통일의 절차와 수단 등이 포함된다.

당국가체제(party-state system)를 유지하고 있는 북한은 1980년 10월 조선노동당 제6차 대회에서 '연방제 통일'을 제시한 후 지금까지 그것을 견지해오고 있다. 북한의 통일방안은 "조선반도의 사회주의화", 즉 일방적인 체제통일의 시각을 공식 포기하지 않고 있어 북한의 통일·평화 관련 제안은 많은 의심을 사고 있다. 오는 5월에 개최 예정인 제7차 당대회에서 통일방안에 변화가 있을지 관심을 모으고 있다. 그러나 김일성은 1980년대 말부터 최종 통일방안은 후대에 맡기고 남북이 공존하자고 제안했고, 비슷한 맥락에서 2000년 6·15공동선언에서 남북 정상은 연합제(confederation)에 대한 공감을 이렇게 나타냈다.

"남과 북은 나라의 통일을 위한 남측의 연합제 안과 북측의 낮은 단계의 연방제 안이 서로 공통성이 있다고 인정하고 앞으로 이 방향에서 통일을 지향시켜 나가기로 하였다."

남한정부의 통일 방안은 군부권위주의 통치기와 민주화 이후 시기로 나누어볼 수 있다. 박정희, 전두환 정권 시기 통일방안은 민의를 반영하지 않고 독재정권의 정략적 판단과 체제경쟁 차원에서 만들어졌다. 무력통일, 승공통일, 선 건설 후 통일 등과 같은 논리가 동원됐다. 그에 비해 1987년 민주화 이후 정부는 야당과 시민사회의 의견을 수렴하고 북한체제를 인정하는 가운데 점진적이고 평화적인 통일방안을 제시했다. 노태우정부 때 작성 발표한 '한민족공동체통일방안', 이를 계승한 '민족공동체통일방안'이 그것이다. 민족공동체통일방안은 이후 수정되지 않고 남한정부의 공식 통일방안으로 존속하고 있다. 남한정부의 통일방안은 그 의의와 함께 문제점도 갖고 있기 때문에 균형적인 이해가 필요하다.

민족공동체통일방안은 통일국가, 곧 통일한국의 기본 이념을 자유민주주의와 민족주의로 설정하고, 통일의 기본원칙으로 자주, 평화, 민주를 제시하고 있다. 그리고 통일한국의 미래상을 정치, 경제, 사회, 문화, 대외적 측면에서 각각 대의제 민주주의제, 시장경제체제, 인간중심적인 체제, 개방적·진취적인 문화, 비핵 국가로 제시하고 있다. 민족공동체통일방안은 3단계로 이루어져 있다. 화해협력 단계—남북연합 단계—1민족 1국가 1체제 1정부의 통일국가 단계가 그것이다. 화해협력 단계는 남북 간의 적대와 불신을 줄이기 위해 상호 협력의 장을 열어가는 단계다. 남북연합 단계는 남북 간의 교류와 협력이 제도화되는 단계로서 이 단계에서 남북은 상호 신뢰를 더욱 다지면서 평화정착과 민족의 동질화를 촉진해 나가게 될 것이다. 통일국가 단계에서는 자유총선거에 의해 통일헌법과 통일정부를 수립한다.

민족공동체통일방안은 민족적 의사수렴 절차를 밟고 단계적이고 평화적인 접근을 밝히고 있다는 점에서 그 의의가 크다. 그렇지만 적지 않은 문제점도 안고 있다. 먼저, 이 방안에서는 남북이 7·4공동성명에서 통일 3원칙으로 채택한 '민족대단결' 원칙이 빠져 있고 대신 '민주'의 원칙을 포함시켰다. 이 통일방안이 자유민주주의를 기본 이념이자 가치라 하고 있기 때문에, 여기서 민주의 원칙은 민주주의 일반이 아니라 자유민주주의로 해석할 수밖에 없다. 이는 1국가 1체제 1정부의 통일국가 형태와 함께 남한체제로의 흡수통일을 지향하고 있음을 의미한다. 이점은 본 통일방안의 점진적이고 평화적인 접근과 모순된다. 또 1, 2단계는 북한체제를 존중하고 남북이 협력 공존할 수 있다고 본다면, 3단계 궁극적인 통일은 흡수통일이다. 그러나 이는 국민들의 통일 여론과도 거리가 있다. 남한 국민들이 통일 후 국가체제로 남한체제만이 아니라 남북한 체제의 절충이나 공존도 지지하고 있기 때문이다.■

■ 2015년 8월 서울대 평화통일연구원이 한국갤럽에 의뢰한 '2015년 통일의식조사' 결과, 희망하는 통일 한국의 체제를 묻는 질문에 대한 응답은 남한의 현 체제 유지(48.1%)〉 남한과 북한의 체제 절충(33.5%)〉 남북한 체제의 유지(13.6%)〉

　　이같은 흡수통일 지향의 통일방안은 6·15공동선언과도 배치되고 무엇보다 북한과의 공존·협력이 불가능하다. 민족공동체통일방안의 1, 2단계와 3단계의 간극을 어떻게 메울 것인가? 가장 이상적인 방안은 북한체제의 미래를 북한 주민 스스로 평화적으로 결정해 남북이 자연스럽고 합법적으로 하나로 합치는 길이다. 그러나 남한이 북한체제 붕괴를 조장하거나 물리력으로 압박하는 것은 평화의 원칙과 거리가 멀고, 통일의 성취 여부를 떠나 그 부작용을 감내할 수밖에 없다.

　　민족공동체통일방안의 또 다른 문제점은 평화정착 방안이 결여되어 있다는 점이다. 통일을 평화와 별개로 접근하는 점은 결정적인 문제다. 물론 이 방안의 2단계에서 평화정착을 주요 과제로 설정하고 있지만, 통일의 전 과정에서 평화적 방법 그리고 통일된 민족공동체의 평화주의적 지향이 언급되지 않고 있다. 이는 통일 이후에도 한미동맹관계를 지속한다는 전제가 깔려 있음을 의미한다. 분단이 정전체제와 한 몸을 이루고 있다는 현실은 통일을 평화와 함께 추진해야 함을 말해

어떤 체제든 상관없음(4.8)의 순으로 나타났다. 이 설문은 전국 성인 1,200명을 유효표본으로 삼았고 95% 신뢰수준에 오차는 2.8%다.

준다. 정전체제의 유지, 군사적 대치 상태, 주한미군의 존재, 한미동맹의 강화, 그리고 북한의 핵능력 강화 등 평화체제 수립을 위해 해결할 과제가 산적한데, 통일방안을 평화문제와 분리해 접근하는 것은 심각한 문제다.

통일방안 내의 문제와 별개지만 이명박, 박근혜정부 들어서는 민족공동체통일방안이 무력화되고 있다는 우려다. 2007년 북핵문제에 가시적인 진전이 있고 2차 남북정상회담이 성사되면서 남북이 화해협력에서 남북연합 단계로 나아갈 수 있다는 전망이 나오기도 했다. 그러나 이명박정부 들어서 대북정책이 압박으로 전환되고 북핵문제가 악화되면서 남북연합은 커녕 화해협력 단계마저 실종되어 버렸다. 남북 간 대결과 불신이 이어지는 가운데 남한에서는 급진적이고 비평화적인 통일을 추구하는 움직임이 공공연히 나타났다. 시민사회에서의 반북수구 여론은 물론 정부 고위인사들도 그런 발언을 하기 시작했다. 북한위협을 명분으로 한 대북 제재와 안보 드라이브가 폭주하고 한미 군딩국은 북한 정권교체와 선제공격을 담은 훈련을 공개리에 전개하는 사태까지 이르렀다. "한반도 통일은 북한 핵문제와 인권문제의 근본적인 해결책이 될 것"이라는 박근혜 대통령의 발언이 북한정권 붕괴와 흡수통일을 에둘러 표현한 것이라는 지적은 이런 맥락에서다.

통일방안과 통일정책을 변화하는 대내·외 정세를 반영해 한편으로 현실성과 설득력을 갖추도록 하고, 다른 한편으로 이를 평화적이고 단계적으로 재수립해야 할 필요가 있다. 이를 위해서는 통일방안에서도 수정 보완된 '평화통일 로드맵'이 필요하다.

2. 접근 원칙

1988년 2월 29일 서울 연동교회에서 열린 한국기독교교회협의회 제37차 총회. 참석자 전원이 통일운동사에서 길이 남을 '민족의 통일과 평화에 대한 한국기독교회 선언'(소위 88선언)을 기립박수로 채택했다. 이 선언은 한국 사회와 정부, 그리고 세계에 한반도 평화통일을 향한 한국교회의 고백과 다짐, 그리고 남북이 함께 나아갈 길을 제시했다.

88선언은 통일에 접근하는 원칙으로 다섯 가지를 제시했는데, 남북이 합의한 자주, 평화, 민족대단결의 3원칙에 인도주의, 민(民)의 통일논의 참여를 추가했다.

7·4 공동성명에서 밝힌 통일 3원칙은 냉전시기 권위주의적인 방식으로 이루어졌다. 3원칙에 대한 상대적 비중에 대한 이해, 각 원칙에 대한 해석에 있어 각기 다른 생각을 품었다. 그럼에도 남북한 정권이 자주, 평화, 민족대단결 원칙에 합의함으로 남북대화의 길을 닦아놓았고 무엇보다 겨레에 통일 의지를 불어넣었다. 앞서 남한정부의 민족공동체통일방안에 위 통일 3원칙 중 자주, 평화 원칙은 살리되 민족대단결 원칙을 뺀 것은 향후 남북 간에 논란의 씨앗이 될 수 있다. 2016년 초 상황은 한반도에서 전쟁이 일어나도 전혀 이상할 것 같지 않은 엄혹한 상황이다. 핵전쟁이 가능한 물리력과 남북미 간 적대감이 최고조 상태다. 이런 경우가 앞으로도 매년 반복될 것이라는 데 더 큰 심각성이 있다. 그만큼 7·4공동성명에서 합의한 통일 3원칙의 의미는 막대하다. 남북관계를 적대와 대결로 몰아간 것은 남북이 이 통일 3원칙을 던져버렸기 때문이다. 그런 상황에서 인도주의는 성문 밖으로 내쳐졌고 국민들은 안보 불안에 갇힌 채 통일 논의는 정부 주도로 이끌려갔다.

88선언에서 한국기독교교회협의회가 자주, 평화, 민족대단결의 3원칙에 인도주의, 민의 통일논의 참가를 추가한 것은 당시로서는 파격적이었고, 남북 대화와 교류의 문이 모두 닫힌 오늘날 그 의미가 더욱 크고, 통일이 되는 날까지 견지해야 할 원칙으로 손색이 없다. 더 이상 추가할 원칙은 없어 보인다. 88선언은 통일 원칙에 대해 다음과 같이 말하고 있다.

한국기독교교회협의회는 1972년 남북 간에 최초로 합의된 7·4 공동성명에 나타난 자주, 평화, 사상·이념·제도를 초월한 민족적 대단결의 3대 정신이 민족의 화해와 통일을 위한 기본원칙이 되어야 한다고 믿는다. 또한 이와 함께 우리 그리스도인들은 최소한 다음과 같은 두 가지 원칙이 통일을 위한 모든 대화 및 협상, 실천 속에서 전개되어야 한다고 믿는다.

1) 통일은 민족이나 국가의 공동선과 이익을 실현하는 것일 뿐 아니라 인간의 자유와 존엄성을 최대한 보장하는 것이어야 한다. 국가나 민족도 인간의 자유와 복지를 보장하기 위해서 있는 것이며, 이념과 체제도 인간을 위해 존재하는 것이기 때문에 인도주의적인 배려와 조치의 시행은 최우선적으로 고려되어야 하

며, 다른 어떠한 이유로도 인도주의적 조치의 시행이 보류되어
서는 안 된다.

2) 통일을 위한 방안을 만드는 모든 논의 과정에는 민족 구성원
전체의 민주적인 참여가 보장되어야 한다. 특별히 분단체제하에
서 가장 고통을 받고 있을 뿐 아니라 민족 구성의 다수를 차지하
고 있으면서도 의사결정 과정에서 늘 소외되어온 민중의 참여는
우선적으로 보장되어야 한다.

3. 평화정착 과제

한반도 평화정착을 위한 구체적인 과제를 온전하게 파악
하고, 그 실현을 위해 타당하고 효율적인 접근이 필요하다. 한
반도 평화정착을 위한 세부 과제들은 크게 남북 간, 국제적,
대내적 과제로 묶어 생각해볼 수 있을 것이다.▪

먼저, 남북 간 과제로 무엇보다 중요한 것은 무너진 화해협

▪ 이하는 참여연대가 발표한 "우리는 희망에 투표한다: 2016총선에서 다뤄져야
할 52개 정책과제"(2016.3.8) 중 관련 부분을 재구성한 것임.

력을 복원하고 나아가 평화와 상생을 제도화하여 남북연합의 기틀을 닦는 일이다. 이를 위한 구체적인 과제를 예시해보면 다음과 같다. 개성공단을 재개하고 전방위적인 대북 제재를 완화해 위기를 관리하고 북한주민들의 생존권을 보호하고 남북 신뢰를 회복해야 한다. 정부는 개성공단 폐쇄의 이유로 "개성공단으로 유입되는 자금이 북한의 핵과 미사일 개발에 사용되었다"고 말했지만 그 증거는 제시하지 못하고 있다. 2016년 4월 현재, 대북 제재는 남한 단독, 미국 일본 등 동맹국과의 협력, 또 유엔 안전보장이사회 등 매우 강력하고 파상적으로 이루어지고 있다. 대화와 협상 없는 제재 일변도의 접근은 그 명분이 되고 있는 북한의 핵개발을 막지 못하고 상황만 더 악화시킬 뿐이다. 그래서 인도적 지원, 북한주민의 생존과 삶의 개선 등과 관련된 지원과 교류는 재개할 필요가 있다. 또 개성공단과 인도적 지원 재개를 모색하면서 남북대화를 시작해 대화를 복원하고 결국 당국자 회담을 정례화시켜야 한다. 기존 남북 간 합의와 분쟁의 평화적 해결 원칙을 바탕으로 남북 총리급, 장관급, 국방장관급 회담 등 당국자 회담을 재개하고 정례화해야 한다. 이런 대화를 통해 남북 간 합의 이행과 위기관리 및 갈등예방, 화해협력 사업의 활성화 등을 논의함으로써 상호 간의 신뢰를 튼튼히 할 수 있어야 할 것이다. 화해협력의 복원과 활성화 없이는 군사적 신뢰구축은 요원하고 북핵문제의 평화적 해결은 더욱 어려울 것이다.

다음으로 국제적 차원의 과제인데, 정전체제, 한미일 삼각동맹 강화, 북미 적대관계, 미중 패권경쟁 등 당면 현안들만 해도 적지 않다. 북한의 4차 핵실험 이후 대북 제재 추진 과정에서 불거진 미국의 고고도미사일요격체계(THAAD)의 한반도 도입 공론화는 남북 대결이 동북아 긴장과 깊이 연루되어 있음을 보여준다. 한반도 분단정전체제는 동아시아 냉전체제 속에 있는 것이다. 북한의 핵능력 강화와 대북 제재 그리고 한반도 및 동북아 위기로 이어지는 악순환의 고리를 끊고 대화의 계기를 마련해야 한다. 평화체제로 나아가기 위하여 한반도 비핵화와 평화조약 체결을 동시 추진하는 다자회담의 틀을 복구해야 한다. 그 틀은 여전히 6자회담이 가장 유용하다. 그러나 한반도 평화체제는 남북, 북미, 북일 등 석대관계에 있는 당사자들 사이의 관계정상화 없이는 불가능하다. 그중에서도 평화체제의 일차적 당사자이자 주요 동력인 남북관계가 전환

돼야 한다. 남북대화는 상호신뢰는 물론 한반도 평화의 추진 체이기도 하다. 우선 위기관리와 대화 복원을 위해 북한은 핵 개발과 관련 기술적 시험을 중단하고, 한국과 미국은 북한을 향한 군사, 경제, 외교적 압박을 중단해 위기를 진정시키고 대화 분위기를 조성해야 할 것이다.

한반도와 동북아 평화를 위협하는 한미 군사동맹을 개혁하는 일도 국제적 차원에서 주요 과제다. 북한은 물론 중국, 러시아와 마찰을 빚고 있는 사드 배치를 중단하는 일이 역내 긴장완화의 전제다. 역내 국가들이 초보적 신뢰구축에 착수해 군비경쟁을 완화하고 다자안보협력체 구상을 준비할 필요가 있다. 한반도와 역내 군사적 긴장을 고조시킬 수 있는 군사행동을 자제하는 일도 긴요하다. 한국은 국제법적으로 논란이 되고 있는 미국 주도의 대량살상무기확산방지구상(PSI) 참여를 중단해야 하며, 기타 동북아 긴장을 유발하는 미국 주도의 한·미·일·호주 등 해양 안보 파트너십 참여를 재검토해야한다. 국제 평화정착을 위한 전제로 한국이 전시작전통제권을 환수하는 것은 물론 한미연합사령부를 해체하는 일도 검토할 일이다. 전작권 환수는 북한, 중국 등 관련 당사자들과의 협의 과정에서 한국의 위신과 협상력에 유용할 뿐만 아니라 다자안보협력 구상에도 필수 요건이다. 전작권을 환수하지 않으면 북한은 미국의 핵공격 위협을 이유로 핵개발을 계속할 것이고 안보 협상에서 남한을 계속 무시하려 할 것이다.

이 밖에도 국제적 과제에는 한반도와 역내 평화는 물론 한국의 자주권과 한국인의 인권과 관련된 사안들이 적지 않다. 그와 관련된 해결 과제로는 △탄저균 주한미군기지 반입·실험 진상규명 및 위험물질의 반입·실험 중단, △한미 주한미군지위협정(SOFA) 개정 및 주한미군 주둔 경비의 합리화, △한미일 군사정보공유 약정 폐기 및 상호군수지원협정 체결 시도 중단, △한일정부 간 일본군 '위안부' 합의 무효화가 포함된다.

셋째, 대내적으로 주요 과제는 통일외교안보정책에 대한 문민통제와 투명성 제고다. 특히, 국방 소요 예산 분석과 검증에 관한 정부와 국회의 투명성과 문민통제를 강화하는 일이 막중하다. 군이 주도하는 '중기국방계획'을 폐지하고 정부 예산당국이 민간 전문인력을 포함시켜 안보정책 예산을 통제할 수 있도록 절차를 개선해야 할 것이다. 군인 정원에 대해 국회의 승인을 받도록 '국군조직법'을 개정하는 일도 문민통제를 증대하는 일이다. 통일외교안보정책에 대한 시민의 정보접근권을 보장하는 일도 문민통제를 구현하는 일이다. 시민의 정보접근권을 보장하기 위해 정부는 정보공개를 대폭 확대해야 하고, 비밀관리가 입법부의 통제를 받을 수 있도록 '최소 비밀지정과 최대 비밀해제'를 원칙으로 한 국가비밀관리법을 제정할 필요도 있다. 외국과의 조약 협정 체결과정에 대한 민주적 통제도 민주주의 공고화의 지표가 될 수 있다. 논란이 되고 있는 국군의 해병파병 요건을 강화하는 일도 헌법 준수와 평화주의, 문민통제의 원칙과 관련된 중대 사안이다.

이밖에도 △군 복무기간 단축, 상비병력규모 감축을 위한 병역법 개정, △양심에 따른 병역거부권 인정과 대체복무제 도입, △평화·인권교육의 도입, △군인권의 실질적 보장을 위한 제도 마련 등과 같은 과제들도 평화문화의 확산에 필요할 뿐만 아니라 한국이 한반도와 역내 평화구축을 감당하는데 이바지할 대내적 자산이다.

4. 포괄 접근 방향

한반도 평화를 정착시키기 위한 구체적인 과제들을 달성하기 위해서는 그에 부합하는 접근 방향을 수립해야 한다. 여기서는 다섯 가지 방향을 제시하는데 이를 함께 적용한다는 뜻에서 '포괄 접근'이라 부르고자 한다. 다섯 가지 포괄 접근 방향은 △대화와 협상을 통한 문제해결, △인도적 문제해결 우선, △민관협력, 정경분리에 의한 신뢰구축 활성화, △남북협력과 국제협력의 조화, △점진적이고 비가역적인 접근이다. 하나씩 살펴보자.

첫째, 어떤 문제든 문제해결은 오직 대화와 협상으로 한다. 70년을 지나는 분단정전체제 하에서 대결과 협력의 부침을 가장 설득력 있게 설명해주는 변수는 대화와 협상 여부다. 대화는 자신의 의중을 전달하고 상대의 의중을 파악하는데 가장 유용한 수단이고, 그 자체로 상호존중의 의사를 나타낸다. 협상은 자신과 상대의 목표를 공개하고 타협하는 의사소통 과정으로서 상호 이익의 균형점을 찾아가는 과정이다. 두 차례의 남북정상회담은 분단정전체제 이후 남북의 오랜 불신과 적대를 크게 줄이고 상호 의중을 이해함으로써 이후 신뢰와 협력의 길을 연 좋은 계기였다. 만약 대화와 협상이 없으면 자신의 의사를 강력하고 일방적으로 전달해야 하고, 상대의 의사를 오해하고 갈등을 초래할 수 있다. 이명박정부 이후 틀어진 남북관계는 대화와 협상의 문을 잠근 결과였고 대화의 기회를 만들지 않았고 몇 번 없었던 기회도 살리지 않았다. 그 결과 한반도는 화해와 평화가 아니라 대결과 적대의 진원지가 되어버렸다. 그러므로 남북은 어떠한 경우에도 판문점 군 당국 간 연락 채널과 남북회담 연락 채널을 유지해야 하고, 관계가 개선되면 장관급회담을 정례화하여 남북관계를 평화의 길로 들어서게 해야 할 것이다. 물론 대화와 협상은 비단 남북만이 아니라 한반도 평화에 책임 있는 관련 모든 당사국들이 다 함께 가져야 할 제일 접근 방향이다.

둘째, 관련 당사국들은 인도적 문제를 우선 해결하는 노력을 벌여 안정적인 신뢰구축을 전개하도록 한다. 인도적 문제 해결은 관련 당사국들 간의 관계개선에 기여함은 물론 그 자체로 보편 가치를 구현하는 평화 만들기 사업이다. 남북은 정상회담을 비롯한 수차례의 합의에서 인도적 문제 해결에 합의했고, 납치자의 경우 북한과 일본도 정상회담에서 합의한 바가 있다. 분단정전체제 하에 있는 한반도에서 인도적 문제는 구체적으로 이산가족, 납치자, 군인 포로 및 유해, 그리고 북한주민들에 대한 인도적 지원을 포함한다. 인도적 문제는 국제적 기준과 관련 당사국들 사이에 무조건성, 긴급성, 투명성 그리고 신의의 원칙에 하에 우선적으로 해결해야 할 사안이다. 이에 관한 기존의 국제 준칙과 관련국들 간의 합의를 상기하고, 정치군사적 불신에도 불구하고 관련 대화를 열어야 할 것이다. 인도적 문제의 효율적이고 지속적인 해결을 위해 형식에 구애받지 않고 필요시 물질적 대가를 치르더라도 해결하려는 적극적인 자세가 필요하다. 이를 위해 관련국 지도자들은 인도적 문제를 정치적 상황과 무관하게 해결하겠다는 공약을 행동으로 옮겨야 할 것이다.

셋째, 정경분리(政經分離)와 민관 역할분담을 통해 신뢰구축을 지속시켜 평화정착의 토대를 공고히 한다. 적대관계에 있는 국가들 간에 민간교류와 경제협력은 한계가 있을 수밖에 없다. 개성공단이 폐쇄되고 인도적 지원과 민간교류가 중단되는 일련의 사태가 그런 점을 말해주는지도 모른다. 그렇지만 같은 현상을 통해 정경분리와 민관 역할분담이 적대와 대결을 대화와 교류로 전환시켜 온 사실을 더 기억할 필요가 있다. 개성공단사업은 남북 당국 간 관계의 부침에도 불구하고 화해협력과 긴장완화의 상징이었다. 개성공단사업은 남북 경제협력, 군사적 대결 완화, 상호 이질성 완화와 통일 연습 등 평화통일의 실험장이었다. 반면에 개성공단 폐쇄는 경제협력을 통해 정치군사적 대결을 완화하는 평화 효과를 중단시키고 다시, 아니 더 심각한 대결을 불러오는 반평화적 처사다. 정부 당국은 불가피하게 갈등에 직면할 경우가 발생할 수도 있다. 그럴 경우 민간교류는 최악의 상황을 예방하고 불충분한 당국 간 의사소통을 보완하는 역할을 해왔다. 위 첫 번째 접근 방향과 마찬가지로 정경분리와 민관 역할분담이 작동할 때와 그렇지 않을 때 남북 화해와 한반도 평화는 크게 달라졌음을 교훈으로 삼아야 할 것이다.

넷째, 남북협력과 국제협력을 조화시켜 나가야 한다. 분단 정전체제의 기원을 생각해도, 그 현실을 보아도, 또 평화통일을 준비하기 위해서도 남북협력과 국제협력은 선후, 경중의 문제가 아니라 병행 조화시켜야 할 과제다. 두 측면 중 어느 한쪽으로 경도될 경우 평화는 더욱 달아나는 경향을 보인다. 이명박, 박근혜정부 들어 대북정책 방향으로 국제공조를 중시하고 남북협력을 무시하자 남북관계는 대결로 전환하고 북한의 도발이 높아졌는지도 모른다. 그와 반대로 김대중, 노무현 정부는 상대적으로 남북협력을 더 중시했다는 평가를 받기도 한다. 물론 구체적인 상황에 따라 남북협력과 국제협력 중 하나를 상대적으로 더 강조할 때가 있을 것이다. 북한의 핵실험 직후의 경우 국제협력이 높아지고, 반면에 남북이 협력사업을 활성화할 때는 국제협력이 낮아질 수 있다. 어떤 경우든 소홀해질 수 있는 관계의 당사자에게 사전 설명과 양해를 구하는 자세가 불신을 최소화시킬 수 있을 것이다. 그러나 한반도 평화는 남북협력과 국제협력이 같이 갈 때 이루어질 수 있다. 2007년 북핵문제가 가시적인 진전이 있는 가운데 남북정상회담이 개최된 경우가 대표적인 사례다.

다섯째, 점진적이되 비가역적인 접근이 중요하다. 남북 간 교류협력이든, 비핵화 진전이든 간에 한빈도 평화를 향한 길은 오랜 적대의 시간과 복잡한 문제들의 얽힘으로 인해, 그리고 관련국들 간의 복잡한 이해관계로 인해 많은 소통과 시간이 필요하다. 자신의 입장만 주장하며 문제를 일거에 해결한다고 일방적이고 급진적으로 접근하는 자세는 금물이다. 상대방에 대한 주관적 인식에 빠져 사태의 객관적 이해와 합리적인 대안 모색을 소홀히 해서도 안 된다. 이 기준으로 남북한 정부의 통일정책과 주변 관련국들의 한반도 정책을 평가해볼 수 있을 것이다. 경제문화적 분야에서의 신뢰구축 작업이 정치군사적 신뢰구축으로 발전하지 않는다고 경제문화적 신뢰구축 노력을 포기하고 정치군사적 신뢰구축으로 집중할 수 없는 노릇이다. 또 한반도 비핵화 없이는 남북 간 재래식 군축이나 다른 신뢰구축 노력은 무의미하다고 생각하는 것도 점진적 접근과 거리가 멀다. 북한과의 협상은 불필요하고 오히려 북한정권을 무너뜨리고 흡수통일하는 길이 통일의 첩경이라는 주장도 없지 않다. 오랜 분단과 군사적 대결을 종식시키는 일에 제일 미덕은 평화주의적 철학, 제이의 미덕은 인내다.

한반도 비핵화를 실현하고 평화체제를 수립하는 길은 단거리 달리기가 아니라 마라톤이다. 종착지로 가는 중간 지점에 적정 목표를 수립하고 그것을 달성한 후 후퇴하지 않도록 하는 지혜가 필요하다. 가령 다음과 같은 일련의 상호조치를 단계적으로 진행해 평화체제의 길을 닦아갈 수 있을 것이다. △북한의 핵실험 동결과 한미합동군사연습 중단, △북한의 핵시설 사찰 수용과 대북 인도적 지원 및 남북, 북미 대화 개시, 대화 중 도발 중단, △북핵 프로그램의 완전 폐기 직전 단계에서 한국전쟁 종식 선언, △북핵의 완전 폐기, 남북연합 공식화, 평화조약 체결 등이 가능한 경우의 수이다. 그러나 점진적인 접근이 온전한 의미를 가지려면 각 단계에서의 합의와 실천이 후퇴하지 않도록 하는 장치가 필요하다. 비가역적 접근의 실효는 합의사항의 동시이행, 그리고 합의 이행 시 인센티브와 불이행시 손해가 뚜렷해야 한다. 점진적이고 비가역적인 접근은 결국 한반도 평화정착을 위한 구체적이고 실현가능한 길이 있어야 한다는 걸 의미한다. 그 가운데 하나가 '한반도 평화조약'이다.

남북한 교회와 세계교회는 한반도 평화조약 체결이 남북의 화해와 지속가능한 평화 조성, 그리고 평화통일의 기틀을 세우는데 가장 중요한 선교과제라고 결의하였다. 한국기독교교회협의회와 회원 교단들은 총회와 각급 회의에서 평화조약을 당면한 핵심 평화통일 과제로 결정하였고, 2013년 WCC

부산 총회에서는 '한반도 평화통일을 위한 특별 선언문'을 채택해 평화조약 체결운동을 전개하기로 결정했고, 이듬해 스위스 보세이에서 열린 한반도 평화통일을 위한 국제협의회에서는 북한교회도 이에 공감하였다.

6장

평화조약의 필요성과 그 내용

그동안 전문가들과 통일운동 단체에서 평화조약에 관한 논의가 이어져 왔다. 평화조약 체결의 필요성에서부터 당사자, 내용, 체결 방식, 효과 등 여러 측면에서 다양한 견해가 개진되었다. 필요성에서부터 논란이 있었고 다른 부분들에 대해서도 깊은 논의가 전개되어왔다. 각 측면들을 염두에 두면서 평화조약이 한반도 평화정착에 어떤 의미와 효과가 있는지를 살펴보고자 한다.

1. 평화체제와 평화조약

평화체제는 전쟁을 벌인 당사자들이 전쟁을 종식하고 평화로운 관계를 형성 발전시키는 유무형의 요소와 구조를 말한다. 유형의 요소에 휴전(정전)조약이나 평화조약, 군축이 포함되고, 무형의 요소에는 군사문화의 평화문화로의 전환, 적대감 해소와 우호감 증진을 들 수 있다. 이런 노력은 전쟁 당사국들 사이는 물론 각국의 대내적 측면과 국제적 측면에서도 함께 이루어질 때 성과를 극대화할 수 있다.

평화체제는 크게 둘로 구성되는데 그 하나가 전쟁 재발을 막고 평화로운 관계를 형성하는 '평화회복'이고, 다른 하나가 그런 평화 상태를 지속시키는 '평화유지'다. 이 둘이 이루어지면 평화체제는 공고한 상태로 나아갈 수 있다. 평화회복과 관련한 조치들 중에는 휴전조약과 평화조약이 있고, 평화유지와 관련해서는 안전보장조약, 불가침조약이 대표적인 형태다. 평화유지 조치에는 제3국에 공동 대항하는 동맹조약과 조약 체결국 상호 간에 침략을 하지 않을 의무를 부담하는 불가침조약이 있다. 불가침조약에는 영토의 불가침성, 중재재판, 전쟁포기, 내정불간섭, 평화공존 등이 담긴다. 평화조약이 전쟁상태에서 체결되는데 비해 불가침조약은 평화상태에서 이루어지는 것이다. 그러나 평화조약을 체결하면서 그 평화조약 내에 불가침 규정이 포함되어 있으면 그 평화조약은 불가

침조약의 성격도 갖게 된다.■

　현재 한반도는 한국전쟁이 종식된 것이 아니라 중단된 상태이기 때문에 현실에서나 국제법적으로나 평화유지는커녕 평화가 회복된 상태도 아니다. 정전협정(1953.7.27)은 전문에 협정의 목적을 "(전쟁이) 최종적으로 평화적 해결이 이루어질 때까지 한반도에서의 적대행위와 일체의 무장행동의 완전한 정지를 확립"하는 것이라고 밝히고 있고, 제4조 60항에 다음과 같은 중요한 언급을 하고 있다.

> "코리아 문제의 평화적 해결을 위하여 쌍방 군사령관은 쌍방의 관계 각국 정부에 정전협정이 조인되고 효력을 발생한 후 3개월 내에 각기 대표를 파견하여 쌍방의 한 급 높은 정치회의를 소집하고 코리아로부터의 모든 외국군대의 철수 및 코리아 문제의 평화적 해결 문제들을 협의할 것을 이에 건의한다."

　정전협정 체결 이후 평화조약 체결이 있어야 한국전쟁의

■ 김명기, "평화체제 구축에 관한 이론적 개관," 곽태환 외, 『한반도 평화체제의 모색』(서울: 경남대학교 극동문제연구소, 1997), pp. 5~14.

종식과 공고한 평화가 가능하다는 말이다. 그러나 정전협정 이후 평화조약 체결을 위한 고위정치회담은 개최되지 않았고, 한반도는 적대와 대립이 고착화 된 장기분쟁지역으로 남아있다. 냉전 해체 이후에도 오늘날까지 한반도는 세계의 화약고로 불리면서 전쟁의 위험이 상존하고 있다. 정전 상태의 평화적 관리가 필요한 이유다. 그렇지만 이 말은 모순이다. 정전체제가 근본적으로 불안정하고 평화를 위협하는데 어떻게 그런 상태를 평화적으로 관리할 수 있을까? 정전체제를 평화체제로 전환하는 것이 현실적 필요나 국제법적인 요청으로나 타당한 대안이다. 물론 정전체제의 평화체제로의 전환은 새로운 조약 체결로 완전히 달성되지 않을 것이다. 국제정치가 기본적으로 힘과 이해관계에 의해 움직이고 더구나 전쟁을 치른 관계에서는 그 두 요소를 둘러싼 당사자들 간 관계가 치열하다. 그렇기 때문에 평화조약과 같은 국제법적 접근은 관계정상화와 같은 정치외교적 접근과 비핵화, 신뢰구축, 군축 등과 같은 군사적 조치, 그리고 경제·사회·문화 교류와 경제협력과 병행하며 추진할 성질이다.

그렇다면 한반도 평화체제를 담을 적절한 방식의 법적 방안은 무엇인가? 공약의 범위와 성격에 따라 평화유지 혹은 평화회복을 강조할 수 있고, 정치적 선언 혹은 국제법적 구속력에 초점을 둘 수도 있다. 그에 따라 불가침선언(조약), 평화선언(조약)이 있을 수 있다. 실제 불가침은 남북한 총리가 서명한 남북기본합의서(1992. 2. 19)에서 합의된 바 있다. 2005년 이후 북핵문제가 진전되면서 노무현정부와 부시정부 사이에 남북미중 4자간 종선선언이 검토되기도 했다. 그 결과 2007년 10·4 남북정상선언문과 한미정상회담에서 종전선언이 언급되었다. 이는 정전체제의 장기성과 평화체제 수립의 복잡성을 감안한 논의다. 불가침선언과 종전선언은 평화조약을 대체하는 것이 아니라 평화조약 체결을 촉진하는 과도적 조치로 판단된다. 이와 달리 평화조약이 불필요하다는 주장도 가능하다. 평화조약은 쉽게 휴지조각이 될 수 있기 때문에 그보다는 국교 수립과 정치·군사·경제 교류를 통한 우호관계 증진이 평화체제 정착에 더 유용하다고 볼 수도 있다. 과거 독일과 소련의 불가침조약, 이스라엘-팔레스틴의 평화협정이 파기되고 전쟁이 재발한 경우가 있었다. 그와 달리 제2차 세계대전 후 소련과 일본은 평화조약 없이 국교를 수립해 관계 증진을 도모해오고 있다.

그럼에도 불구하고 전문가들의 논의는 대개 과도적 조치가 있을 수 있으나 정전체제를 평화체제로 전환함에 있어서 어떠한 형태로든 평화조약이 필요하다는 주장이 다수 의견이다. 특히, 정전체제가 지속되면서 평화가 계속해서 위협받는 현실에서 평화를 회복 유지하는 정치군사적 조치 없이 관계정상화는 불가능하고 경제문화교류로 그 일을 대체하는 것은 것도 사리에 맞지 않는다. 한반도에서는 평화조약이 불가피할 뿐만 아니라 필수적이다.

2. 평화조약의 당사자

평화조약은 전시상태를 평화상태로 변경시킨다는 점에서 현상유지 하의 불가침조약과 구별되고, 조약의 체결권자가 국가원수라는 점에서 체결권자가 군사령관인 휴전조약과도 구별된다. 평화조약의 당사자와 휴전조약의 당사자는 반드시 일치하지 않을 수도 있다. 더욱이 연합군을 편성하여 작전을

펼치는 경우 휴전조약 당사자와 평화조약 당사자는 각기 정해
질 수 있다. 한국전쟁 정전협정과 앞으로 예상되는 평화조약
의 서명자가 반드시 같지 않을 수도 있다. 한국전쟁 정전협정
의 서명 당사자는 국제연합군 총사령관, 조선인민군 총사령
관, 중국인민지원군 총사령관이다. 그에 비해 평화조약 서명
당사자는 남북, 미국, 중국의 최고지도자가 될 가능성이 크다.
남한이 평화조약의 당사자로 참여하는 것이 정전협정의 경우
와 다른 점이다. 이와 관련해 노무현 대통령과 김정일 국방위
원장은 10·4정상선언 제4항에 다음과 같이 합의한 바 있다.

> 남과 북은 현 정전체제를 종식시키고 항구적인 평화체제를 구축
> 해 나가야 한다는데 인식을 같이하고 직접 관련된 3자 또는 4자
> 정상들이 한반도에서 만나 종전을 선언하는 문제를 추진하기 위
> 해 협력해 나가기로 하였다.

위 합의 내용 중 "직접 관련된 3자 또는 4자"가 어느 나라
인가를 놓고 당시 언론과 당사국들 사이에 의견이 엇갈렸다.
우선 '4자'라 한다면 남북 한과 미국, 중국이라는데 거의 공감

대가 형성되었다. 그러나 '3자'가 누구냐, 다시 말해 4자에서 어느 나라가 빠지느냐를 두고 설왕설래가 오갔다. 우선 10·4정상선언이 남북 정상에 의한 것이라는 점에서 3자에 남북한이 포함된다고 보는 것은 합리적 추론이다. 사실 정상선언 제4항은 한반도 평화체제 수립의 직접 당사자가 남북임을 남북 정상이 최초로 공식 확인했다는 점에서 그 의의가 크다. 그동안 북한은 남한을 평화 논의의 당사자로 인정하지 않았다. 남한이 정전협정의 서명 당사자에 빠져 있고 전시작전통제권이 없고 주한미군이 존재한다는 게 이유였다. 그렇다면 3자라 할 경우 나머지 한 나라는 어디인가? 당시 10·4정상선언 발표 직후 중국 외교부에서 4항에 대해 비판적인 논평을 냈다. 남한은 미국과 동맹관계이고, 북한은 미국과 적대관계를 청산하고 안전보장을 획득해야 할 입장이다. 중국의 반응이 이해되는 대목이다. 그러나 한국전쟁 종전 선언에 전쟁 참여국이자 정전협정 당사국인 중국이 빠질 수 있을까 의문이다. 4개국에 의해 정전 선언이 이루어진다면 그 연장선상에서 4개국 평화조약을 생각해봄 직하다.

한반도 평화체제의 당사자 문제와 관련해 몇 가지 선례를 고려하지 않을 수 없다. 우선, 냉전시기부터 워싱턴과 서울에서 4자회담이 거론되고 제안되었다. 1976년 키신저(Henry Kissinger) 미 국무장관이 유엔 연설에서 처음 4자회담을 언급한 바 있다. 그로부터 20년 후인 1996년 4월 16일 제주에서 열린 한미정상회담에서 김영삼 대통령이 공식 제안했다. 이후 분위기 조성 작업을 거쳐 남북 한, 미국, 중국이 1997년 12월 첫 회담을 열어 1999년까지 여섯 차례 진행됐다. 그러나 주한미군, 평화협정 수립 방안 등을 둘러싸고 이견이 좁혀지지 않고 중단되고 말았다. 4자 외에 6자가 당사국이라는 주장도 많았다. 실제 2003년 8월~2008년 12월까지 6자회담이 진행되었다. 6자회담은 한반도 비핵화를 핵심 목표로 하였지만 한반도 평화체제 및 동북아 안보문제를 거론하였다.

10·4 남북정상선언 발표보다 훨씬 앞선 2005년 9월, 6자회담 참여국 대표들은 긴 논의를 거쳐 9·19 공동성명을 내놓았는데, 그중 제4항에 한반도 평화체제와 당사자 언급이 포함되었다.

직접 관련 당사국들은 적절한 별도 포럼에서 한반도의 항구적 평화체제에 관한 협상을 가질 것이다.

6자는 동북아시아에서의 안보협력 증진을 위한 방안과 수단을 모색하기로 합의하였다.

위 언급에서 "직접 관련 당사국들"은 10·4정상선언에서 언급된 "3자 혹은 4자"를 말한다. 이 밖에도 평화조약을 포함한 한반도 평화체제 수립의 당사자는 다양한 안(案)들이 있다. 거기에는 △남한에서 많은 지지를 받고 있는 남북한 당사자론, △북한이 주장해오고 있는 북미 당사자론, △남북 당사자+미중 보증자 방안(소위 2+2), △한국전쟁 참전국들을 반영한 16개국안, △16개국+유엔 당사자론 등등. 최종 방안은 이런 다양한 방안들 가운데 하나가 될 수도 있고 여러 방안들이 혼합된 방안이 나올 수도 있을 것이다. 평화조약의 서명 당사자는 전쟁의 피해를 직접 받고 평화를 정착시키는데 가장 많은 이해관계를 가진 행위자가 되어야 한다. 그런 맥락에서 평화조약은 한반도에 실효적이고 안정적인 평화를 가져와야 오는데 가장 유력한 국제법적, 국제정치적 방안이다.

여기서는 평화조약의 당사자로 남북 한, 미국, 중국 등 4자로 설정하고자 한다. 분단정전체제 관련국, 외국군 주둔국, 한반도 평화체제 관련 일차적 이해당사국 등의 측면을 종합 고려한 판단이다. 한반도 문제 해결에서 민족 내 협력과 국제협력의 균형도 감안하였다. 다만, 한반도 문제가 지나치게 국제화되어 평화체제 수립과정에 남북한 당사자 원칙이 훼손되고 난항을 겪을 가능성을 최소화할 필요성도 반영하였다.

3. 평화조약의 주요 내용

평화조약의 내용은 조약 당사자가 임의로 합의하여 정하는 것으로 일정한 유형이 있는 것은 아니다. 다만, 평화조약이라 할 때는 반드시 "적대행위를 종료하고 평화상태를 회복한다"는 점은 포함해야 한다.

기존의 사례들로 볼 때 평화조약에 포함되는 사항들은 크게 일반조항과 특수조항으로 구분해볼 수 있다. 일반조항은 적대행위 종료, 점령군 철수, 압류재산의 반환, 포로 송환, 조약의 부활 등이 포함되고, 특수조항은 손상 배상, 영토 할양,

요새 파악 등이 포함된다.[■] 한반도의 경우 일반조항 중 적대행위 종료, 점령군 철수, 포로 송환 등과 같은 사항들은 정전협정에서 다루어졌다. 물론 적대행위 종료는 전쟁 수준은 아니지만 해상충돌, 휴전선 일대에서의 총격전 등 정전협정이 위반되는 경우가 허다했고, 주한미군 철수 문제도 논란거리다. 특히, 전쟁의 승패가 갈리지 않은 채 장기분쟁지역으로 남아 있어서 향후 특수조항들이 평화조약에 포함되느냐를 둘러싸고 논란이 예상된다. 위 특수조항에 해당하는 사항들은 제1, 2차 세계대전의 결과에서 보듯이 패전국이 감당할 바인데, 한국전쟁은 승패가 정해지지 않고 중단되었다. 이와 달리, 한반도 평화조약에는 분단의 특수성, 한반도 비핵화, 그리고 적성관계의 정상화 등이 관련국들 사이에 검토 대상이 될 수 있다. 이상과 같은 점들을 고려해 평화조약에 포함될 주요 내용을 아래와 같이 제안해보고자 한다.

■ 김명기, "평화체제 구축에 관한 이론적 개관," p. 11.

대한민국(한국), 조선민주주의인민공화국(북조선), 중화인민공화국(중국), 그리고 미합중국(미국)은 한국전쟁의 완전한 종식과 관련국들 사이의 전면적인 우호협력관계의 수립을 바탕으로 한반도에서 항구적이고 지속가능한 평화를 구축할 목적으로 이 조약을 체결한다. 조약 당사국들은 인류 보편가치를 존중하고, 국제연합 헌장을 준수하고, 한반도 평화와 통일에 관한 기존 합의들을 존중하고, 남북한의 평화통일 노력을 지지하고, 세계평화에 기여할 것이다. 이에 당사국들은 아래와 같이 합의한 사항들을 성실히 이행할 것을 공약한다.

제1장. 전쟁 종료와 이행 조치

제1조 당사국들은 한국전쟁과 이후 정전상태를 종식하고 평화를 회복 유지한다.

제2조 평화조약 발효와 함께 유엔사령부의 모든 활동은 종료하고 모든 외국군은 철수한다. 단, 철수 방법은 관련국들 간의 합의에 따른다.

제3조 한국전쟁과 정전 기간에 발생한 인도적 문제의 해결을 위해 협력한다.

제2장. 경계선과 평화생태지대

제4조 남과 북의 경계선은 '군사정전에 관한 협정'에 규정된 군사분계선

과 남북기본합의서에 규정된 쌍방의 기존 관할 구역으로 하고, 남과 북은 불가침과 분쟁의 평화적 해결 원칙을 준수한다.

제5조 기존 비무장지대를 평화생태지대로 전환하고 거기에서는 어떤 무력 배치나 군사훈련을 금지한다.

제3장. 불가침과 관계 정상화

제6조 당사국들은 어떠한 경우에도 무력을 사용하지 아니 하고 공격 위협을 가하지 않고 무력을 행사하지도 않는다.

제7조 북조선과 미국, 북조선과 인접 국가들은 국교정상화를 목표로 한 양자 협상을 성실히 전개하고, 상호 비방, 압박, 제재를 중단한다.

제4장. 군비통제와 비핵화지대

제8조 남과 북은 전면적인 정치 · 군사적 신뢰조성을 위해 기존 남북간 합의와 관련 국제합의를 이행하고 이를 위해 상설 고위급회담을 운영한다.

제9조 남과 북은 다방면의 군축을 추진할 군당국자회담을 운영한다.

제10조 당사국들은 한반도에서 핵 무장을 비롯해 대량살상무기의 개발, 배치, 운영과 관련한 모든 군사적, 기술적 조치를 금지한다.

제5장. 평화관리기구

제11조 남북은 평화생태지대 관리와 여타 분쟁해결을 위해 평화관리

남북공동위원회를 구성 운영한다.

제12조 제11조의 이행을 촉진하기 위해 평화관리 당사국조정위원회를 구성 운영할 수 있다.

제6장. 타 조약 및 법률과의 관계

제13장 본 조약과 모순되지 않는 한 각 당사국이 타국과 체결한 조약을 존중한다.

제14장 본 조약의 목표와 이행에 저촉되는 당사국들의 국내 법제도는 개정, 폐기한다.

제7장. 발효

제15조 본 조약은 각 당사국 대표의 서명 후 각기 정한 국내 절차에 따라 비준하고 정본을 교환한 날부터 효력을 발생한다.

제16조 본 조약은 당사국들 사이의 합의에 의해 개정, 폐기할 수 있다.

7장

닫는 글: 한국교회, 평화의 사도

1. 한국교회와 분단

분단 이후 지금처럼 한반도가 어려움에 처한 적은 없었다. 세월이 흐르면서 분단정전체제를 통일평화체제로 바꾸어야 했는데, 분단은 점점 공고화되어 가고 있고 평화는 요원해 보인다. 분단과 전쟁의 아픔 뒤에는 외적인 요인과 내적인 요인이 함께 작용하고 있다. 외적인 요인이 지정학적인 상황에서 동서 냉전의 영향이라면, 내적인 요인은 분단정전체제의 형성과정과 그 아래서 기득권을 유지하기 위해 적개심과 미움을 확대 재생산해온 점을 꼽을 수 있다. 이를 묶어 이삼성 교수는 외적인 요인을 대분단체제라고 하고 내적인 요인을 소분단체제라고 주장하기도 한다. 외적인 문제를 해결하는 것은 정치 외교적으로 해결해야 할 성질이고 내적인 분단의 요인들은 바로 우리 자신이 풀어가야 할 문제이다. 여기에 남과 북이 공히 같은 지점에 서 있다.

이 시점에서 한국교회는 분단과 정전 문제에 대해 어떤 노력을 해 왔는지, 한국전쟁 과정에서 또는 분단 이후 통일과 평화를 위해 어떤 노력을 해 왔는지 깊은 성찰이 요구된다. 한국교회는 분단 이전에 역설적이게도 북한지역에서 활발하게 움직였다. 북한 지역을 두 개의 지역으로 나눈다면 서북지역과 관북지역으로 나눌 수 있다. 서북지역은 평안도(평양 포함)와 황해도를 말하고 관북지역은 함경도와 북간도를 말한다. 이 두 지역은 신앙에 있어서 다른 점을 보였다. 서북지역은 보수 신앙이 자리 잡았고 관북지역은 민족주의적인 신앙이 자리 잡았다. 이런 신앙의 형태는 선교사들의 신학적인 영향에 기인했다고 볼 수 있다. 한국전쟁은 한국교회를 크게 바꾸어 놓았다. 분단 과정에서 서북지역의 교회들이 대거 남하하면서 남한교회의 주도적인 세력으로 등장하게 되었고 이들의 신앙의 기저에는 반공주의가 강하게 자리 잡고 있었다.

분단 과정에서 이념갈등이 격렬했고 그 과정에서 한국교회는 민족주의 경향을 띠기보다는 반공을 앞세워 분단정전체제를 형성하는데 깊은 영향을 미쳤다. 1953년 휴전 당시에도 기독교 지도자들은 휴전 반대, 북진통일에 적극적이었다. 휴전을 반대한 이유는 북한 공산정권을 무너뜨리고 다시 신앙으로 북한 지역을 회복해야 한다는 강한 집념을 가지고 있었기 때문이다. 분단 과정에서 민족주의 계열들이 밀려나고 이념투쟁에서 반공과 북진통일을 주장하는 세력들이 전면에 나서고 여기에 교회가 적극적으로 동참하면서 분단정전체제를 고착화하는데 기여하게 된다.

물론 대다수 남하한 교인들에게는 앞선 경험이 있다. 전쟁과 분단 과정에서 겪었던 아픔과 고통들이 존재한다. 이것은 부정할 수 없다. 현재 한국교회가 평화통일보다는 아직도 분단정전체제에 기여하는 이유는 이런 문제들이 그 기저에 깔려 있기 때문이다.

여기에 우리는 질문을 던져야 한다. 자신이 경험한 것을 내세워 분단과 군사적 대치 상태가 계속되는 비극을 용인하느냐 하는 문제이다. 내 자신의 경험을 앞세울 것인가? 성서적인 가치를 앞세울 것인가에 대한 질문에 답해야 한다. 한국교회는 민족사에서 이 질문을 받고 있다. 여기에는 두 가지 응답이 있을 수 있다. 전쟁으로 목사였던 아버지를 포함해 가족들이 인민군들에 의해 죽임을 당한 가족들에게도 두 가지 반응이 나타났다. 아버지를 이어 남한에서 목사가 된 아들은 하나님 앞에서 끊임없이 기도한 끝에 원수를 용서하고 민족의 하나 됨을 위해 일하기로 결단했다. 그렇지만 같은 상황에서일지라도 다른 경우가 있다. 목회자가 된 아들은 북을 용서하지 않고 원수로 여기는 마음을 버리지 못한 채 반공반북을 교회와 사회에서 역설한다.

성서의 가르침을 앞세울 것인가? 자신의 경험을 앞세울 것인가? 분단 70여 년을 지나는 동안 한국교회는 이 질문에 귀 기울이지 않았다. 그 결과 분단정전체제는 오늘 우리의 삶을 비정상적으로 만들어 놓았다. 한국교회는 분단과 함께 일그러진 자화상을 가지고 있다. 아직도 반공과 반북을 앞세워 화해와 상생의 길을 거부하고 있는 것이 오늘 대다수 한국교회의 모습이다. 물론 한국교회가 모두 그런 자화상을 가지고 있는 것은 아니다. 민족의 화해와 하나 됨을 위해 꾸준히 노력해왔고 이런 노력은 지금도 현재 진행형이다. 본문에서 한국교회가 지속가능한 한반도 평화를 위해 노력한 모습들을 살펴보

왔다.

우리가 살고 있는 한반도에는 두 개의 축이 충돌하고 있다. 분단정전체제를 지속시켜 기득권을 유지하려는 세력과 그 담을 헐고 통일과 평화를 일구어내려는 움직임이다. 이미 9·19 공동선언과 2·13 합의를 통해 한반도 평화체제를 논의하기로 6자회담 당사국들은 약속했다. 그러나 여전히 평화체제에 대한 논의가 이루어지지 않고 있다. 남북 간 4대 합의에서 평화통일을 합의했지만, 지금 그 합의는 실종되어 버렸다.

한국교회의 통일운동과 평화를 위한 논의는 1980년에 들어 해외에서 먼저 시작되었다. 1981년 11월 3~6일 오스트리아 비엔나에서 남과 북의 기독자들의 만남에서 시작된다. 조국통일을 위한 남북과 해외 기독자 간 대화모임이 시작된 것이다. 이 모임은 서로의 이야기를 경청하며 서로를 발견하려는 노력이었다. 그리고 이미 7·4 공동성명에서 남북 당국이 합의한 자주, 평화, 민족대단결의 통일 3원칙을 재확인하는 모임이었다. 그러나 당시 남북 해외 기독자들의 만남은 통일 논의가 금기시된 상황에서 친북인사들의 불순한 모임으로 낙인찍히고 말았다. 그럼에도 이 모임은 핀란드 헬싱키 등지에서 수년 동안 이어져갔다. 해외에 거주하고 있는 기독자들이 민족의 통일과 평화를 위해 노력한 것이 1980년대 한국교회와 세계교회에 새로운 도전을 주었다.

한편 세계교회협의회는 일본의 도잔소에서 "동북아시아의 평화와 정의협의회"(1984. 10. 29-11. 2)를 개최하였다. 이 모임에서 세계교회는 한반도의 평화와 통일을 위해 공동으로 노력한다는 내용을 담은 선언서를 발표한다. 이후 세계교회의 한반도 평화통일운동은 이 도잔소 선언에 근거한다. 도잔소 프로세스에 의해 남과 북의 교회 지도자들은 스위스 글리온에서 만나 분단의 아픔 속에서 분단을 넘고자하는 시도를 지속해오고 있다.

분단이 짓누르는 보이는, 보이지 않는 폭력 속에서 대다수 교회가 침묵을 지키고 있을 때 한국기독교교회협의회는 분단을 넘어 항구적인 한반도 평화를 만들어 내기 위해서 노력해왔다. 한국기독교교회협의회는 1988년 2월 29일 연동교회에서 통일의 새로운 돌파구를 열기 위해서 '민족의 통일과 평화에 대한 한국기독교회 선언'을 발표했다. 88선언으로 불리는 이 선언은 1980년대 초부터 시작해온 교회 통일 논의의 결정이자, 이후 민간 통일운동을 활성화하는 것은 물론이요, 정부의 통일정책을 전향적인 방향으로 이끌어내는 데도 지대한 영향을 끼쳤다. 2013년 한국교회는 부산에서 세계교회협의회 10차 총회를 개최할 만큼 성장했다. 이제 세계교회와 대등하게 자리를 마주하고 한국교회의 경험과 신앙과 선교적인 비전들을 나눌 수 있는 위치에 서게 된 것이다. 세계교회협의회는 부산 총회에서 '한반도 평화와 통일에 관한 선언문'을 발표했다. 이 선언문에서 세계교회는 한반도의 평화를 위해 노력해온 한국교회의 간절한 염원을 담아 평화조약을 촉구하는 행동을 이렇게 다짐한다.

"1953년의 정전협정을 평화조약으로 바꾸어 전쟁상태를 종식시킬 폭넓은 캠페인을 시작한다."

한국교회와 세계교회는 이제 정전협정을 평화조약으로 바꾸어 전쟁상태를 종식시키고 평화체제 수립을 위해 함께 기도하고 노력하고 있다. 사람과 사람 사이를 갈라놓는 분단체제나 희생을 강요하는 전쟁 상태는 악마적이며, 결코 성서적이지 않다. 하나님이 기뻐하시는 일이 아니다. 이제 한국교회는 한반도의 평화를 위해 노력해온 기도와 열정을 다시 회복하고 세계교회와 함께 분단정전체제를 허물고 통일평화의 길을 닦아가야 한다. 이제 우리 민족의 미래가 우리의 의지와는 상관없이 강대국들에 의해서 결정되지 않게 기도하고 마음을 모아야 할 때이다.

평화조약과 적대국가 간 관계정상화를 바탕으로 평화체제를 만드는 일이야 말로 지금까지 살아온 겨레의 불행한 삶을 넘어 하나님이 주시는 새로운 땅으로 향하는 길이다. 우리는 이 과정에서 구약성서의 아브라함의 여정과 모세의 여정을 깊이 묵상하고, 신약에서 예수께서 보여 주신 새 하늘과 새 땅의 비전을 바라보아야 한다.

2. 꿈을 꾸는 평화의 사도

2002년 월드컵 때 경기장에는 대형 현수막이 펼쳐졌다. "꿈은 이루어진다." 월드컵을 유치한 국가로서 4강 진출의 꿈을 이루겠다는 다짐을 담은 것이다. 그 꿈은 모든 사람의 꿈이 되었다. 집에서 길거리에서 직장에서 그 꿈을 모두 공유했다. 한 사람의 꿈이 한 사람에게서 끝나면 망상이 될 수 있지만, 그 꿈이 모두의 꿈이 되면 그 꿈은 현실이 된다. '오 필승 코리아'를 외치며 붉은 옷을 입고 길거리에 나와 함성을 외치며 끝내 4강 신화를 이루어 냈다.

우리는 꿈꾸는 사람들이 역사를 앞으로 나아가도록 하고 이끌어 온 것을 역사에서 볼 수 있다. 민족의 독립을 위해 고국을 떠나 외로이 독립투쟁 하던 독립투사들의 꿈이 3·1 독립만세운동으로 승화되어 마침내 독립을 이루어 냈다.

군사독재 시기 민주주의를 꿈꾸며 자신의 몸을 민주화의 제단에 던졌던 민주투사들의 꿈이 수많은 사람들을 광장으로 불러내어 6·10 민주항쟁을 만들어 냈다. 결국 국민의 손으로 대통령을 직접 뽑도록 헌법을 개정해냈고, 마침내 민주주의를 꽃피우게 하는 결실을 가져왔다.

이제 우리는 민족통일의 꿈, 한반도가 전쟁이 없고 지속가능한 평화의 땅이 되는 꿈을 꿀 수 없을까? 이 꿈이 남과 북의 모든 사람들의 꿈이 되어 그 꿈이 이루어지는 그 날의 도래를 앞당길 수 없을까?

성서를 보면 예언자들은 그런 꿈을 꾸었다. 미가 선지자는 칼을 쳐서 보습을 만들고 창을 쳐서 낫을 만드는 꿈을 꾸었다. 이 나라와 저 나라가 칼을 들고 서로 치지 아니하며 전쟁 연습을 하지 않는 꿈을 꾸었다(미가 4:3). 미가가 꾸는 꿈은 소박하다. 진정한 평화는 무엇인가? 그의 꿈속에 담겨 있다. 사람들이 자기가 심은 포도나무와 무화과나무 그늘 아래서 편히 쉴 수 있는 것, 자기가 심은 나무의 열매를 따먹는 것을 평화라 했다.

에스겔은 두 개의 막대기를 가져다가 하나에는 유다라고 쓰고, 다른 하나에는 이스라엘이라고 써 그 막대기들을 합하여 하나가 되게 한다. 자신의 손 안에서 두 막대기가 하나가 되는 꿈을 꾸고 있다(에스겔 37:16-17). 갈라진 민족을 바라보며 아파하고 갈라진 것들이 서로 하나 되어 한 몸을 이루는 꿈을 꾸고 있다. 우리는 그런 꿈을 꿀 수 없을까? 이 땅에서 서로 미워하는 적개심을 거두어 내고 서로 상생하며 더불어 살아가는 희망의 세상을 꿈꿀 수 없을까? 평화조약을 맺는 일이 바로 그 시작이다. 평화조약은 남과 북의 긴장을 덜어내고 평화의 마음으로 서로를 들여다보며 서로 사랑하는 길로 들어서는 관문이다.

평화·통일의 장전이라고 불리는 88선언은 한반도의 전쟁 방지와 긴장완화를 위해 하루 속히 전쟁상태를 종식시키는 평화협정이 체결되어야 하고, 평화협정이 체결되고 남북한 상호 간에 신뢰 회복이 확인되고 한반도 전역에 평화와 안정이 국제적으로 보장되었을 때 한반도에 있는 외국군은 철수해야 한다는 내용을 담고 있다. 평화조약을 체결하는 문제는 우리의 신앙고백이며 의지를 담아내었던 88선언에 기초하고 있다. 평화조약을 체결하는 방향으로 길을 내는 과정에서 두 가지를 기억해야 한다.

첫째는 88선언이 일러주듯이 철저한 죄책고백에서부터 출발해야 한다. 교회는 이웃을 네 몸과 같이 사랑하라는 하나님의 계명(마 22:37-40)을 어긴 죄를 범했다. 분단과 전쟁은 동서 냉전체제의 대립이 빚은 구조악의 결과이며 남북한 내부의 구조악의 원인이 되었는데, 교회가 그 죄악을 방관한 죄, 나아가 분단에 침묵하고 외면하고 분단으로 인해 고통 받고 있는 이웃에 대하여 무관심하고 치유하지 않고, 동포를 원수로 미워한 죄책을 고백하는 것으로 출발해야 한다. 그럴 때 하나님이 우리의 평화·통일 기도를 들어주실 것이다.

둘째는 이 모든 일의 중심에는 사람이 있어야 한다. 사람을 소외시키는 통일이나 평화는 허구이기 때문이다. 이것이 통일의 과정에서 민족구성원 전체의 민주적인 참여가 보장되는 과정으로서의 통일 논의다. 평화의 길에 민족 구성원 모두가 한 길로 나와 어깨를 나란히 하고 걸어갈 수 있는 길을 만들어야 한다. 일부 연합기구 지도자나 목회자로서는 주님의 역사에 응답할 수 없다. 한국교회 전체가 동참할 때 주님의 평화가 이 땅에 임재할 것이다.

세계교회협의회는 10차 총회에서 채택한 '한반도 평화와 통일에 관한 선언문'에서 미래로 가는 길을 제시했다. 미래로 가는 길에는 함께 기도하고, 함께 만나고, 함께 참여하고, 군비축소와 핵 없는 한반도, 그리고 비무장지대를 평화지대로 전환하는 노력들이 요구된다고 했다. 우리는 지금 그 길에 들어서고자 하고 그 길에 평화의 주님께서 동행하심을 믿는다.

주님은 "평화를 위해 일하는 사람은 복이 있다. 그들이 하나님의 아들이라 불릴 것"(마태 5:9)이라고 말씀하셨다. 이 땅에서 하나님의 자녀들이 해야 할 일은 평화를 꿈꾸고, 실제 그 평화를 만들어 내고 유지시키며, 궁극적으로 평화와 정의가 공존하는 평화의 공동체를 가꾸어가는 일이다.

"좋은 소식을 전하며 평화를 공포하며 복된 좋은 소식을 가져오며 구원을 공포하며 시온을 향하여 이르기를 네 하나님이 통치하신다 하는 자의 산을 넘는 발이 어찌 그리 아름다운가"(이사야 52:7).

부록

— 민족의 통일과 평화에 대한 한국기독교회 선언

　(88선언)

— 한반도 평화와 통일에 관한 선언

　(WCC 부산총회 성명서)

민족의 통일과 평화에 대한 한국기독교회 선언
(88선언)

　우리는 먼저 한반도에 그리스도의 복음을 보내 주셔서 우리로 하여금 예수 그리스도의 십자가 죽음과 부활을 알게 하시고, 그것을 믿는 우리를 당신의 자녀로 삼으사 구원해 주신 하나님의 은혜와 사랑에 찬양과 감사를 드린다. 또한 하나님의 성령이 한반도의 역사와 모든 믿음의 형제 자매들 속에 함께 하셔서 온 교회가 민족의 해방과 구원을 위하여 하나되어 일할 수 있도록 선교의 결단을 하게 해 주신 것을 감사드린다.

　우리는 하나님이 만물을 창조하신 한 분 창조주(창 1:1)이심을 믿으며, 모든 인간이 당신의 자녀로 초대받았음(롬 8:14-17, 갈 3:26, 4:7)을 믿는다.

　예수 그리스도는 '평화의 종'(엡 2:13-19)으로 이 땅에 오셨으며, 분단과 갈등과 억압의 역사 속에서 평화와 화해와 해방의 하나님 나라를 선포하셨다(눅 4:18, 요 14:27). 또한 예수 그리스도는 사람을 하나님과 화해하게 하시고, 인간들 사이의 분열과 갈등을 극복하고 해방시켜서 하나되게 하시려고 고난을 받으셨으며, 십자가에 못박혀 죽으시고 묻히셨으나 다시 부활하셨다(행 10:36-40). 예수 그리스도는 평화를 위하여 일하는 사람들을 축복하시면서 하나님이 그들을 자녀로 삼으실 것이라고 하셨다(마 5:9). 우리는 성령이 우리로 하여금 역사의 종말론적 미래를 보게 하시고 우리를 하나되게 하셔서, 하나님의 선교사역에 참여하게 하신다(요 14:18-21, 16:13-14, 17:11)는 것을 믿는다.

이제 우리 한국교회는 그리스도인들 모두가 평화를 위하여 일하는 사도로 부름을 받았음(골 3:15)을 믿으며, 같은 피를 나눈 한 겨레가 남북으로 갈라져 서로 대립하고 있는 오늘의 이 현실을 극복하여 통일과 평화를 이루는 일이 한국교회에 내리는 하나님의 명령이며, 우리가 감당해야 할 선교적 사명(마 5:23-24)임을 믿는다.

이러한 우리의 기본적인 신앙고백에 입각하여 한국기독교 교회협의회는 한국교회와 세계 에큐메니칼 교회 공동체 앞에 민족의 통일과 평화에 대한 입장을 밝히고, 남북한의 정부 책임자들과 우리 민족 모두에게 기도하는 마음으로 이것을 호소하는 바이다.

1. 정의와 평화를 위한 한국교회의 선교적 전통

이 땅에 예수 그리스도의 복음이 전파된 지 1백여 년이 지나는 동안 공교회가 저지른 민족사에 대한 많은 허물에도 불구하고 한국 그리스도인들은 하나님 나라를 선포함으로써 이 땅에 살고 있는 백성들의 참 소망이었던 해방과 독립을 실현하려고 애써 왔다. 우리 신앙의 선배들은 성령에 힘입어서 성경말씀이 명하는 대로(눅 4:18-19) 가난한 이들에게 복음을 선포하였고, 억눌린 백성에게 자유와 자주의 희망을 심어 주었으며, 일제에게 노예가 된 한국 민족과 함께 고통을 나누며, 민족의 해방과 독립을 위하여 선교하여 왔다.

한국의 그리스도인들은 평화의 의미를 노예처럼 굽히고 복종하면서 얻는 안일이나 안정에서 찾지 않았다. 평화는 정의의 열매(사 32:17)이어야 했으며, 민족의 독립이 없거나 인간적 자유를 누릴 수 없는 평화는 거짓 평화(렘 6:13-14)일 뿐이었다. 일본 제국주의가 우리나라를 식민지로 다스리던 때의 한국 교회의 평화운동은 곧 민족의 독립운동이자 노예 된 민족의 아픔에 동참하는 것이었고, 하나님 나라를 선포하고 그에 대한 믿음을 역사 속에서 실천해 나가는 민족해방 운동이었다.

1919년 3·1 독립운동에 한국의 그리스도인들은 앞장서서 참여하였으며, 일본 제국주의의 민족 말살정책에 저항하였고, 국가주의를 종교화한 일제의 신사참배 강요에 항거하여 순교의 피를 흘렸다.

1945년 남북분단 이후 남한의 그리스도인들은 분단의 현실 속에서 고통 당하는 피난민들과 전쟁 고아들과 희생자들을 돌보아 왔다. 또한 북한을 떠난 이산가족들과 교우들을 교회의 품안에 받아들였고 사랑으로 치유하여 왔다.

분단이 고착화되면서 나타난 군사독재정권은 안보를 구실로 인권을 유린하고 경제성장 논리로써 노동자와 농민을 억압했으며, 한국교회는 이에 대하여 정의와 평화를 위한 신앙으로 저항하여 왔다. 1970년대와 80년대 한국교회의 인권 및 민주화운동은 바로 이러한 정의와 평화를 위한 선교운동의 전통을 이어받은 것이다.

2. 민족분단의 현실

한반도의 남북분단은 현대 세계의 정치구조와 이념 체제가 낳은 죄의 열매이다. 세계 초강대국들의 군사적, 이념적 대결, 상호분쟁 속에서 한국 민족은 속죄양의 고난을 당하여 왔다.

1945년 제2차 세계대전이 끝나자 한국 민족은 일본 제국주의의 식민지 노예상태로부터 해방되었으나, 남북분단이라는 또 다른 굴레가 민족을 속박하기 시작하였다. 일본 제국주의 침략군대의 무장을 해제시킨다는 명목하에 설정된 남북분단선은 소련과 미국의 냉전체제에 의하여 고착화되었고, 남북한에는 각각 서로 다른 정부가 수립되어 한반도에서는 지난 40여년 간 군사적, 정치적, 이념적 갈등과 분쟁이 심화되어 왔다.

1950년 6월 25일 일어난 한국전쟁은 동족상잔의 비극을 낳았으며, 국제적 갈등은 극대화 되었다. 제2차 세계대전 동안에 유럽 전 지역에 투하된 폭탄보다 더 많은 양의 폭탄이 투하되어 한반도는 초토화되었다. 이 전쟁에서 남한군 22만 명, 북한군 60여 만 명, 중공군 1백만 명, 미군 14만 명, 유엔군 1만 6천여 만 명의 사상자가 났으며, 전쟁 중에 병으로 사망한 숫자를 포함하면 2백 50만 명이나 되는 군인들이 희생되었다. 남한 50만 명과 북한 3백만의 민간인 사망자를 합치면 6백만의 피가 이 땅에 쏟아진 것이다(브리태니카 백과사전 1970년도판 통계임). 그리고 3백만 명의 피난민과 1천만 명의 이산가족이 생겼다.

6·25를 전후하여 북한 공산정권과 대립했던 북한의 그리스도인들은 수난과 죽음을 겪어야 했으며, 수십만의 북한 그리스도인들이 납치되었고, 참혹하게 처형되기도 했다. 한편 공산주의 동조자들은 이념전쟁의 제물이 되었고, '부역자'라는 명목으로 사회에서 매장을 당하지 않으면 안 되었다.

전쟁으로 초토화된 한반도는 계속해서 동서 냉전체제의 국제정치적 갈등과 반목에 휘말렸으며, 이에 따라 남북한간의 군비경쟁과 상호불신, 상호비방과 적대감정도 점차로 증가되어 왔다. 한반도의 평화는 파괴되었고, 민족의 화해도 불가능한 것으로 여겨지게 되었다.

1953년 휴전 이후 일시적일 것으로 여겨졌던 '휴전선'이 영구불변의 '분단선'처럼 되면서 남북분단의 벽은 높아져 갔고, 남북한의 두 체제는 단절과 대결 속에서 적대적이고 공격적인 관계를 지속시켜 왔다. 남북한의 군비경쟁은 가속화되었고,

북한 병력 84만 명과 남한 병력 60만을 합하여 근 1백 50만 군대가 무장대치하는 상태에 이르게 되었으며, 한반도에 배치되었거나 겨냥되고 있는 핵무기는 이 땅을 없애 버리고도 남을 정도의 가공할 파괴력을 보유하기에 이르렀다.

민족의 분단이 장기화되면서 양체제에서 모두 안보와 이데올로기의 이름 아래 인권은 유린되어 왔으며, 언론과 출판, 집회와 결사의 자유는 억압되어 왔다. 그리고 서신 왕래도, 방문도, 통신도 두절된 양쪽은 한 땅덩어리 위에서 가장 멀고 이질적인 나라가 되었다. 남북한의 교육과 선전은 상호비방 일색이며, 상대방을 상호체제경쟁을 통하여 약화시키고 없애야 할 철천지 원수로 인식하게 하고 있다. 따라서 남북한 국민들은 동족의 생활과 문화에 대하여 서로 무지할 뿐 아니라 서로 알아서는 안 되는 관계로까지 길들여져 왔다. 양체제는 같은 피를 나눈 동족을 가장 무서운 원수로 인식하게 하고 있는 것이다.

남북대화의 길은 1972년 이른바 7·4 공동성명이 계기가 되어 트이기 시작하여 대화와 협력과 교류의 희망을 갖게 하였다. 1985년에는 남북적십자 회담이 재개되고 이산가족 고향 방문이 이루어졌으나, 그 수는 극히 한정되었으며 대화와 협상은 끝없이 공전되고 있는 실정이다.

남한 그리스도인들은 1980년대 초반까지만 해도 북한에 그리스도인들과 교회가 있는지 없는지조차 확인할 수 없었고, 분단이 고착화되는 과정에서 북한 공산정권에 대하여 깊고 오랜 불신과 뼈에 사무치는 적개심을 그대로 지닌 채 반공 이데올로기에 맹목적으로 집착해 왔다.

3. 분단과 증오에 대한 죄책고백

한국의 그리스도인들은 평화와 통일에 관한 선언을 선포하면서 분단체제 안에서 상대방에 대하여 깊고 오랜 증오와 적개심을 품고 왔던 일이 우리의 죄임을 하나님과 민족 앞에서 고백한다.

1) 한국 민족의 분단은 세계 초강대국들의 동서 냉전체제의 대립이 빚은 구조적 죄악의 결과이며, 남북한 사회 내부의 구조악의 원인이 되어 왔다. 분단으로 인하여 우리는 "네 이웃을 네 몸같이 사랑하라"는 하나님의 계명(마 22:37-40)을 어기는 죄를 범해 왔다.

우리는 갈라진 조국 때문에 같은 피를 나눈 동족을 미워하고 속이고 살인하였고, 그 죄악을 정치와 이념의 이름으로 오히려 정당화하는 이중의 죄를 범하여 왔다. 분단은 전쟁을 낳았으며, 우리 그리스도인들은 전쟁방지의 명목으로 최강 최신의 무기로 재무장하고 병력과 군비를 강화하는 것을 찬동하는 죄(시 33:1, 6-20, 44:6-7)를 범했다.

이러한 과정에서 한반도는 군사적으로 뿐만 아니라 정치, 경제 각 분야에서 외세에 의존하게 되었고, 동서 냉전체제에 편입되고 예속되게 되었다. 우리 그리스도인들은 이러한 민족예속화 과정에서 민족적 자존심을 포기하고, 자주독립정신을 상실하는 반민족적 죄악(롬 9:3)을 범하여 온 죄책을 고백한다.

2) 우리는 한국교회가 민족분단의 역사적 과정 속에서 침묵하였으며, 면면히 이어져 온 자주적 민족통일운동의 흐름을 외면하였을 뿐만 아니라 오히려 분단을 정당화하기까지 한 죄를 범했음을 고백한다. 남북한의 그리스도인들은 각각의 체제가 강요하는 이념을 절대적인 것으로 우상화하여 왔다. 이것은 하나님의 절대적 주권에 대한 반역죄(출 20:3-5)이며, 하나님의 뜻을 지켜야 하는 교회가 정권의 뜻에 따른 죄(행 4:19)이다.

특히 남한의 그리스도인들은 반공 이데올로기를 종교적인 신념처럼 우상화하여 북한 공산정권을 적개시한 나머지 북한 동포들과 우리와 이념을 달리하는 동포들을 저주하기까지 하는 죄(요 13:14-15, 4:20-21)를 범했음을 고백한다. 이것은 계명을 어긴 죄이며, 분단에 의하여 고통받았고 또 아직도 고통받고 있는 이웃에 대하여 무관심한 죄이며, 그들의 아픔을 그리스도의 사랑으로 치유하지 못한 죄(요 13:17)이다.

4. 민족통일을 위한 한국교회의 기본원칙

정의롭고 평화로운 하나님의 나라가 임하도록 우리 그리스도인들은 평화와 화해의 복음(엡 2:14-17)을 실천해야 하며, 동족의 고통스러운 삶에 동참해야 한다. 이 일을 감당하는 것이 곧 민족의 화해와 통일을 이룩하는데 있으므로 우리는 통일에 대한 관심과 노력이 바로 신앙의 문제임을 인식한다. 통일은 곧 민족의 삶과 세계 평화를 위협하는 분단을 극복함으로써 갈등과 대결에서 화해와 공존으로 나아가는 것이며, 마침내 하나의 평화로운 민족공동체를 이룩하는 것이다.

한국기독교교회협의회는 1984년 이래 수차에 걸친 협의 모임을 통하여 민족통일을 향한 한국교회의 기본적인 원칙을 다음과 같이 설정하였다.

한국기독교교회협의회는 1972년 남북간에 최초로 합의된 7·4 공동성명에 나타난 ① 자주 ② 평화 ③ 사상·이념·제도를 초월한 민족적 대단결의 3대 정신이 민족의 화해와 통일을 위한 기본원칙이 되어야 한다고 믿는다. 또한 이와 함께 우리 그리스도인들은 최소한 다음과 같은 두 가지 원칙이 통일을 위한 모든 대화 및 협상, 실천 속에서 전개되어야 한다고 믿는다.

1) 통일은 민족이나 국가의 공동선과 이익을 실현하는 것일 뿐 아니라 인간의 자유와 존엄성을 최대한 보장하는 것이어야 한다. 국가나 민족도 인간의 자유와 복지를 보장하기 위해서 있는 것이며, 이념과 체제도 인간을 위해 존재하는 것이기 때문에 인도주의적인 배려와 조치의 시행은 최우선적으로 고려되어야 하며, 다른 어떠한 이유로도 인도주의적 조치의 시행이 보류되어서는 안 된다.

2) 통일을 위한 방안을 만드는 모든 논의 과정에는 민족 구성원 전체의 민주적인 참여가 보장되어야 한다. 특별히 분단

체제하에서 가장 고통을 받고 있을 뿐 아니라 민족 구성의 다수를 차지하고 있으면서도 의사결정 과정에서 늘 소외되어온 민중의 참여는 우선적으로 보장되어야 한다.

5. 남북한 정부에 대한 한국교회의 건의

이상의 원칙들에 입각하여 본 협의회는 다음과 같은 사항들이 실질적으로 하루 속히 이루어질 수 있도록 남북한 정부당국이 성의를 가지고 대하에 임해 줄 것을 촉구한다.

1) 분단으로 인한 상처의 치유를 위하여

(1) 무엇보다도 먼저 지난 40여 년 간 분단체제에서 온갖 고생을 겪으면서 희생되어온 이산가족들이 다시 만나서 함께 살 수 있도록 해야 하며, 어느 곳에서든지 당사자들이 살기 원하는 곳으로 자유롭게 옮겨 살 수 있도록 보장하여야 한다.

(2) 통일이 되기 전이라도 남북으로 갈라져서 사는 모든 사람들에게 일년 중 일정한 기간동안(추석이나 명절 같은 때) 자유롭게 친척과 고향을 방문할 수 있도록 허용해야 한다.

(3) 민족분단의 고정화 과정에서 불가피하게 나타날 수밖에 없었던 일시적 과오나 가족이나 친척이 특수한 전력을 갖고 있다는 이유 때문에 오늘날까지도 사회적으로 부당한 차별을 받고 있는 사람들이 존재하는 현실은 즉각 타파되어야 한다.

2) 분단극복을 위한 국민의 참여를 실질적으로 증진시키기 위하여

(1) 정부당국이 남북한 양쪽에 관한 정보를 독점하거나 통일논의를 독점하여서는 안 되며, 남북한 국민이 통일논의와 통일정책 수립 과정에 주체적으로 자유롭게 참여할 수 있도록 언론의 자유를 보장하고, 통일 문제의 연구 및 논의를 위한 민간기구의 활동을 제도적으로 현실적으로 보장하여야 한다.

(2) 남북한 양측은 체제나 이념의 반대자들이 자기의 양심과 신앙에 따라서 자유롭게 비판할 수 있도록 최대한 허용하여야 하며, 세계 인권선언과 유엔 인권협정을 준수해야 한다.

3) 사상·이념·제도를 초월한 민족적 대단결을 위하여

민족 자주성을 실현할 수 있으려면 남북한 국민이 각각의 사상, 이념, 제도의 차이를 초월하여 남북한 국민 스스로가 같은 운명체로서 하나의 민족이라는 사실을 상호 분명하게 확인할 수 있어야 한다. 이러한 상호 확인을 위해서는 남북한이 서로 굳게 신뢰할 수 있어야 한다. 따라서 서로를 신뢰할 수 있도록 하는 일은 남북통일을 위한 모든 노력의 가장 기본적인 출발점이 되어야 한다. 상호신뢰를 조성하기 위해서는 불신과 적대감을 낳는 모든 요소들이 제거되어야 함과 동시에 상호교류를 확대하여 상호이해의 기반을 넓히는 민족동질성을 시급히 회복시켜야 한다. 신뢰조성을 위한 모든 조치들은 분단극복에 있어 가장 본질적인 것이기 때문에 비록 남북한 정부 당국자간의 회담이 진전되지 못하고 있거나 협상타결이 이루어지지 못하고 있을 때에라도 민간 차원에서는 추진될 수 있어야 한다.

(1) 남북한은 상호 적대감과 공격적 성향을 없애고, 상대방에 대한 비방과 욕설, 배타주의를 제거해야 한다. 또한 상대방의 이질적인 이념과 체제에 대한 극단적이고 감정적인 비난을 상호 건설적인 비판으로 전환시켜야 한다.

(2) 상호 이해의 증진을 위해서는 서로의 실상을 편견없이 객관적으로 파악할 수 있어야 하기 때문에 교류, 방문, 통신이 개방되어야 한다.

(3) 민족 동질성 회복을 위하여 남북의 언어, 역사, 지리,

생물, 자연자원 등에 관한 학술분야에서 교류와 협동연구를
추진하고 문화, 예술, 종교, 스포츠 분야에서도 서로 교류하여
야 한다.

(4) 남북한간의 경제교류는 민족의 이익에 부합될 뿐 아니
라 상호 이해증진의 계기가 될 수도 있으므로 가능한 최대한
개방되어야 한다.

4) 남북한 긴장완화와 평화증진을 위하여

(1) 한반도의 전쟁방지와 긴장완화를 위해서는 하루 속히
전쟁 상태를 종식시키는 평화협정이 체결되어야 하며, 이를
위해서 남북한 당국과 미국, 중공 등 참전국들이 휴전협정을
평화협정으로 전환시키고 불가침조약을 여기에 포함시키는
협상을 조속히 열어야 한다.

(2) 평화협정이 체결되고, 남북한 상호간에 신뢰회복이 확
인되며, 한반도 전역에 걸친 평화와 안정이 국제적으로 보장되
었을 때, 주한미군은 철수해야 하며 주한 유엔군 사령부도 해
체되어야 한다.

(3) 과대한 군사력 경쟁은 남북한의 평화통일의 가장 큰

장애요인이며, 경제발전에 있어서도 역기능을 하고 있다. 따라서 남북한은 상호간의 협상에 따라 군사력을 감축해야 하며, 군비를 줄여서 평화사업으로 전환시켜야 한다.

(4) 핵무기는 어떠한 경우에도 사용되어서는 안 되며, 남북한 양측은 한반도에서 핵무기의 사용가능성 자체를 원천적으로 막아야 한다. 따라서 한반도에 배치되었거나 한반도를 겨냥하고 있는 모든 핵무기는 철거되어야 한다.

5) 민족 자주성의 실현을 위하여

(1) 남북한간의 협상이나 회담, 국제적인 협약에 있어서 주변 강대국이나 외세의 간섭에 의존하는 일이 없어야 하며, 민족의 자주성과 주체성을 지켜 나가야 한다.

(2) 남북한 양측은 민족의 삶과 이익을 우선으로 하지 않고 오히려 이것에 배치되는 내용으로 체결된 모든 외교적 협상이나 조약을 수정하거나 폐기하여야 하며, 국제 연합이나 동맹국들과의 관계수립이나 협약에 있어서도 남북한 상호간의 합의와 공동의 이익을 우선적으로 고려하여 반영시켜야 한다.

6. 평화와 통일을 위한 한국교회의 과제

우리는 예수 그리스도가 '평화의 주'(골 1:20)이심을 믿으며, 하나님의 인간구원과 해방을 위한 선교사역이 우리와 이념과 체제가 다른 사회 속에서도 이루어지고 있음을 믿는다. 다른 사회체제 속에서 살고 있는 그리스도인들이 갖는 신앙고백의 형태와 교회의 모습이 비록 우리와 다르다 할지라도 우리는 그들이 한 분이신 하나님, 한 분 그리스도에 매어 있으므로 우리와 한 몸을 이루는 지체들임(고전 12:12-26)을 믿는다.

세계 에큐메니칼 공동체는 최근 몇 년간, 놀랍게도 우리와 떨어져 있던 북한 사회 내의 신앙의 형제 자매들과 접촉하고 그들의 소식을 알려옴으로써 우리의 이같은 확신을 더욱 굳게 하여 주었다.

우리는 다시금 이 한반도 역사 안에서 활동하시는 하나님의 해방사역에 감사를 드리며, 어려운 상황 속에서도 꿋꿋하게 신앙을 지켜 나가고 있는 북한에 있는 믿음의 형제 자매들에게 하나님의 은총과 축복이 함께 하시기를 기원한다.

이와 같은 고백에 입각하여 한국기독교교회협의회는 평화

와 화해의 선교적 사명을 다하기 위하여, 그리고 민족분단의 고통에 동참하고 통일로써 이를 극복해야 한다는 역사적 요청에 응답하기 위하여, 회개하고 기도하는 마음으로 평화와 통일을 위한 희년 선포운동을 다음과 같이 전개하고자 한다.

1) 한국기독교교회협의회는 1995년을 '평화와 통일의 희년'으로 선포한다.

"주님의 성령이 나에게 내리셨다.
주께서 나에게 기름을 부으시어
가난한 이들에게 복음을 전하게 하셨다.
주께서 나를 보내시어
묶인 사람들에게 해방을 알려주고
눈먼 사람들은 보게 하고
억눌린 사람들에게는 자유를 주며
주님의 은혜의 해를 선포하게 하셨다"(눅 4:18-19).
'희년'은 안식년이 일곱 번 되풀이되는 49년이 끝나고 50년째 되는 해이다(레 25:8-10).

희년은 '해방의 해'이다. 희년 선포는 하나님의 백성이 하나님의 역사적 주권을 철저히 신뢰하고, 그 계약을 지키는 행위이다. 희년은 억압적이고 절대적인 내외 정치권력에 의하여 이루어진 모든 사회적 갈등을 극복하여 노예된 자를 해방하고, 빚진 자의 빚을 탕감하며, 팔린 땅을 본래의 경작자에게 되돌려 주고, 빼앗긴 집을 본래 살던 자에게 돌려 주어 하나님의 정의를 바탕으로 하는 샬롬을 이루어 통일된 평화의 계약공동체를 회복하는 해(레 25:11-55)이다. 한국교회가 해방 50년째인 1995년을 희년으로 선포하는 것은 50년 역사를, 아니 전 역사를 지배하시는 하나님의 역사적 현존을 믿으면서 평화로운 계약공동체의 회복을 선포하고, 또 오늘 한반도의 역사 속에서 그것을 이룩하려는 우리의 결의를 다지려는 데에 있다. 따라서 희년을 향한 대행진은 희년 대망 속에서, 민족사 안에서 역사하시는 하나님의 주권에 대한 우리의 믿음을 갱신하고, 하나님의 선교에의 부르심에 대한 우리의 결단을 새롭게 해나가는 과정이 되어야 할 것이다.

2) 한국교회는 '희년을 향한 대행진' 속에서 평화와 통일을 위한 교회갱신 운동을 활발히 전개한다.

(1) 평화와 통일의 선교적 소명을 감당하기 위해서 한국교회는 개교회주의와 교권주의를 극복하고 교회일치를 위한 선교적 협력을 더욱 강화해야 한다.

(2) 희년을 선포하는 한국교회는 '참여'를 제약해 온 교회의 내적 구조를 갱신해야 한다. 따라서 여성과 청년을 포함하는 평신도의 선교사역에의 참여는 과감하게 개방되고 촉진되어야 한다.

(3) 한국교회는 우리 사회의 경제적 사회적 정의를 실현하기 위하여 예언자적 역할을 계속해 나가야 한다.

3) 평화와 통일의 희년을 선포하기 위하여 한국교회는 평화와 화해의 결단을 하는 신앙공동체로서 평화교육과 통일교육을 폭넓게 시행해 나갈 것이다.

(1) 한국교회는 평화에 관한 성서연구와 신학연구 등 평화교육을 널리 보급하고, 각종 신학연구기관과 기독교교육기관은 이를 위하여 정보교환과 연구를 촉진시킨다.

（2）한국교회는 민족통일에 대한 교회의 관심을 높이기 위
하여 분단구조 및 분단역사에 대한 이해와 분단문제에 관한
신학적 인식을 심화함으로써 민족통일의 역사적, 신학적 당위
성을 인식하게 하는 통일교육을 촉진시킨다.

（3）한국교회는 기독교신앙에 대한 신학적 성찰과 결단을
통하여 공산주의 이데올로기에 대한 학문적 이해를 넓히고,
이념적인 대화에 필요한 이데올로기의 연구와 교육을 촉진시
킨다.

4）한국교회는 평화와 통일을 선포하는 희년축제와 예전(禮典)을
통하여 신앙을 새롭게 하고 참다운 화해와 일치를 실천해 나간다.

（1）한국교회는 평화와 통일의 희년을 기념하는 '평화와
통일 기도주일'을 설정하고 예배의식을 개발한다. 이 예배의식
에는 통일을 위한 기도, 분단의 죄책고백, 소명과 결단, 분단의
희생자들과 분단민족을 위한 중보의 기도, 민족화합을 위한
신앙고백, 말씀선포(희년선포), 찬송과 시, 평화와 화해를 위한
성례전 등이 포함된다.

（2）남북한 교회의 상호 왕래가 실현될 때까지 세계교회와

협력하여 평화와 통일의 희년을 남북한 교회가 공동으로 선포
하도록 하고, '평화통일 기도주일'을 공동으로 지키는 일과 '평
화와 통일을 위한 기도문'을 공동으로 작성하여 사용하도록 하
는 일을 추진한다.

(3) 한국교회는 세계교회와의 협력을 통하여 이산가족의
생사확인, 서신왕래의 가능성 등을 모색하고 남북으로 헤어진
친척과 교우, 친구 찾기 운동을 전개한다.

5) 한국교회는 평화와 통일을 위한 연대운동을 지속적으로 전개해
나간다.

(1) '평화와 통일을 위한 희년'의 선포는 신앙고백의 행위
로서 지속적으로 확대되는 '평화와 통일을 위한 연대운동'으로
전개될 것이다. 이것은 개교회 차원에서, 교단적인 차원에서
에큐메니칼운동의 차원에서 포괄적으로 진행되어야 한다. 특
별히 한국기독교교회협의회는 평화와 통일을 위한 신앙고백
적 행동과 실천을 가맹교단뿐만 아니라 비가맹교단과 천주교
를 포괄하는 차원에서 공동으로 해 나갈 수 있도록 노력할
것이다.

(2) 평화와 통일을 위한 선교적 소명은 한반도의 모든 그리스도인들의 보편적인 과제이므로 한국교회는 북한 기독교 공동체의 신앙과 삶을 위하여 기도하며 남북한 교회의 상호교류를 위하여 노력할 것이다.

(3) 한반도의 평화와 통일은 동북아시아 평화뿐만 아니라 세계평화에 있어서도 하나의 관건이므로, 한국교회는 한반도 주변의 미국, 소련, 일본, 중국 등 4개 국내의 기독교 공동체를 비롯한 세계교회들과도 긴밀하게 협의하여 연대운동을 전개해 나갈 것이다.

(4) 한국교회는 타종교, 타운동들과의 대화를 확장, 심화시키고 평화와 통일을 위한 연대의식을 촉진시켜 공동연구와 연대활동을 전개해 나갈 것이다.

1988년 2월 29일

한국기독교교회협의회

한반도 평화와 통일에 관한 선언

"그는 우리의 화평이신지라 둘로 하나를 만드사 원수 된 것 곧 중간에 막힌 담을 자기 육체로 허시고"(엡 2:14).

2013년 10월 30일~11월 8일까지 부산에서 개최된 세계교회협의회(WCC) 제10차 총회의 총대인 우리는 수십 년 동안 전쟁에 의한 폭력과 분단에 의한 적대감으로 인해 한민족의 남성, 여성, 아동들이 겪는 고통의 증인들입니다.

분열, 전쟁, 고통은 충만한 생명을 바라는 하나님의 뜻과 모순됩니다. 따라서 우리는 세계 교회와 사회적, 경제적, 정치적 힘과 정부 권력을 가진 사람들에게 한민족을 재통일시키고 화해시킬, 영구적이고 지속 가능한 정의와 평화를 추구할 것을 요청합니다.

이번 총회의 주제는 '생명의 하나님, 우리를 정의와 평화로 이끄소서'라는 간단한 기도문입니다. 우리는 한민족 모든 사람들의 비전과 꿈, 그리고 치유와 화해, 평화, 통일을 향한 공통된 열망이 이루어지기를 기원합니다.

화해와 치유를 향한 새로운 도전들

한반도의 현재 상황은, 우리가 이 지역 전체의 평화와 정의를 이룩하고 분단된 한반도의 통일을 달성하기 위한 사역에 새롭게 참여할 것을 촉구합니다. 냉전 시대 이후 세계의 많은 긍정적인 발전에도 불구하고 동북아시아는 여전히 세계에서 군사력이 가장 많이 집중되어 있고, 안보가 가장 심각하게 위협받는 곳입니다. 유엔 안전보장이사회의 5개 상임이사국이면서도 동시에 핵무기 보유 국가로 인정받은 네 개 국가들이 이 지역에서 군사기지를 보유하고 있습니다. 지정학적 지도가 보여주듯이 힘의 균형에 새로운 변화가 일어남에 따라 동북아에는 '신냉전'의 조짐마저 나타나고 있습니다. 이 지역에 존재하는 미국의 강력한 정치적, 경제적, 군사적 힘 때문에 새로운 긴장이 발생하고 있습니다. 다른 세 국가인 중국, 일본, 러시아도 이 지역에서 적극적으로 움직이고 있습니다.

사대 강국들 사이에 변화하는 지정학적 역동성으로 인해 평화와 통일을 향한 남북한 국민의 열망과 희망이 억압당할 수 있습니다. 핵무기와 최첨단 대량살상무기를 비롯하여 일부 아시아 국가의 무력 증강 때문에, 이 지역은 세계에서 군사비 지출이 가장 빠르게 증가하는 곳이 되었습니다.

우리가 꿈꾸는 평화는 생명 전체를 포용하고 이웃 간의 조화를 회복하는 정의의 상태입니다. 우리는 지금이 1953년의 정전협정을 대체할 포괄적인 평화협정을 향한 새로운 과정을 시작하고, 이 지역의 국가들 사이에 정의롭고 평화로운 관계를 확보하며, 남한과 북한 사이의 관계를 정상화하고, 한반도의 통일을 촉진시킬 적기라고 확신합니다.

전 세계의 345개 교회와 약 5억 6,000만 명의 그리스도인들을 대표하는 우리는 평화와 화해를 지지하는 태도를 새롭게 가다듬고, 이를 위해 꼭 필요한 국내외 지도자들을 격려하고 지원할 준비가 되어 있습니다.

정의와 평화를 향한 우리의 신앙적 결단

예수 그리스도를 믿는 세계적 신앙공동체인 우리는 하나님의 창조 세계 전체와 인류를 목표로 하는 핵무기와 대량 살상 무기로 무장하여 증오와 적대의식으로 가득한 전쟁과 군사적 갈등을 벌이는 국가 권력에 굴복하는 죄를 범하였음을 고백합니다. 또한 식민지 팽창과 군사적 헤게모니를 확보하기 위한 외세들 간의 분쟁이 야기한 한민족의 오랜 고통에 대해 적절하게 인식하지 못한 것을 회개합니다.

우리는 우리의 평화가 되시기 위해 이 세상에 오신 예수 그리스도에 대한 신앙고백 안에서 한반도의 그리스도인들과 함께하고 있습니다(엡 2:13-19). 예수 그리스도께서는 인간을 하나님과 화해시키고 분열과 갈등을 극복하고, 모든 사람을 자유롭게 하고 하나가 되게 하기 위해 고난을 당하고 십자가에서 죽으시고 묻히신 후 부활하셨습니다(행 10:36-40). 또한 예수 그리스도께서는 우리의 구세주로서 새 하늘과 새 땅을 만드실 것입니다(계 21-22장).

이런 신앙고백과 함께 우리는 남북한 그리스도인들의 확고한 노력, 특히 남북한의 사람들과 한반도의 평화와 치유와 화해와 통일을 향한 남북한 교회의 신실한 행동에 동참합니다.

행동하는 믿음과 희망

1948년 WCC 제1차 총회와 한반도 갈등의 문제가 빚어진 이후로, WCC는 한반도 분단의 고통을 공감해 왔으며, 분단이 회원 교회와 협력 단체들 간의 긴장관계에도 어느 정도 반영되었음을 알 수 있습니다. 우리는 평화로 가는 길에 놓인 도전과 장애물을 잘 알고 있습니다. 그럼에도 불구하고 우리는 남북한 그리스도인들이 고통에 찬 노력을 기울여 온 것을 인정하며, WCC와 에큐메니컬 협력 단체들도 남북한의 사람들과 동행하는 가운데 지속적이고 한결같이 노력해 왔음을 기억합니다.

극히 힘든 상황 속에서도 남북한교회의 에큐메니컬 증언과 기도는 매우 중요한 역할을 해 왔습니다. 남북한교회의 행동하는 신앙은 기도와 더불어 희망의 새 지평을 열었습니다. WCC 국제문제위원회(CCIA)가 1984년에 마련한 도잔소(Tozanso) 회의는 남북한교회가 한반도의 통일을 공개적으로 토론하기 어려운 시기에 개최되었습니다. 도잔소 회의는 WCC가 남북한의 그리스도인들, 그리고 매우 폭넓은 회원 교회에 속한 그리스도인들과 함께 한반도 분단으로 인해 발생한 문제를 살펴보는 첫 시도였습니다. 이러한 WCC의 노력은 남북한 사람들이 정의와 평화를 강화하는 방향으로 한반도의 분단과 통일 문제를 다룰 수 있도록 도움을 주었습니다.

1988년 한국기독교교회협의회는 '민족의 통일과 평화에 대한 한국기독교회의 선언'을 통해 1995년을 "평화와 통일의 희년"으로 선포했습니다. 이 선언은 1)자주적 통일, 2)평화통일, 3)신뢰와 협력을 통한 민족대단결, 4)민의 참여에 의한 민주적 통일, 5)인도주의에 기초한 남북관계 등 5대 통일 원칙을 제시했습니다.

한반도의 평화와 화해, 그리고 비핵화를 이루기 위해 실천하는 WCC의 에큐메니컬 활동들은 소중합니다. 이런 활동은 남북한의 교회 지도자들뿐만 아니라 아시아, 북아메리카, 유럽의 교회와 에큐메니컬 협력 단체들이 함께할 수 있는 공동의 장을 제공합니다. WCC의 국제문제위원회(WCC-CCIA)가 주축이 되고 남북교회외에 아시아, 유럽, 북미 교회들이 운영하고 있는 '한반도 평화·화해·통일에 관한 에큐메니컬 포럼'은 평화와 통일에 대해 대화하고 교류할 수 있는 많은 기회를 제공했습니다. 다양한 차원에서 진전이 이루어졌음에도 불구하고,

한반도의 평화와 통일을 이루기 위해 가야 할 길은 아직도 멉니다.

우리는 1989년 모스크바에서 모인 중앙위원회를 시작으로, 캔버라 총회(1991년), 하라레 총회(1998년), 포르토알레그레 총회(2006년)와 같은 WCC 주요행사들을 통해 남한과 북한의 교회 지도자들이 역사적 만남을 이어 갈 수 있었다는 것을 기억합니다. 그 밖에 다양한 국제회의가 남북한의 교회가 참여한 가운데 개최되어 한반도의 평화와 통일에 관한 에큐메니컬 운동의 진정성을 더욱 높여 주었습니다. 2009년 10월 도잔소 회의 개최 25주년을 맞이하여 WCC 국제문제위원회가 마련한 국제회의는 평화, 정의, 통일이라는 목표를 향한 새로운 자극을 제공하는 데 도움을 주었습니다. 또한 이 국제회의는 분단의 비극으로 고통을 받는 모든 사람이 대화하고 참여하도록 격려했습니다. 아울러 1999년, 2009년, 2013년 WCC 총무가 북한을 방문한 것은 평화와 통일을 추구하는 남북한의 교회를 지원하고자 하는 WCC와 회원 교회의 헌신적인 노력에 대한 신뢰감을 높여 주었습니다.

우리는 한반도의 지정학적 상황 때문에 에큐메니컬 운동을 새로운 방식의 협력과 연대로 발전시켜야 한다는 것을 알고 있습니다. WCC가 그 동안 평화와 정의, 화해, 분단된 한반도의 통일을 성취하기 위해 남북한의 교회와 사람들의 노력에 동참해 온 것 같이, 남북한의 교회가 함께 만날 수 있는 공동의 장을 제공하기 위해 모든 노력을 계속 기울여야 합니다. 더불어 젊은 세대들에게 특별한 관심을 기울여야 합니다.

우리는 한반도에서 평화와 정의, 그리고 생명의 풍성함을 품을 수 있는 틀과 희망의 표징을 봅니다. 한반도에서 공동인간안보(human security)와 인권이 분열적이고 경쟁적이며 군사적인 국가안보보다 더 우선되어야 합니다. 우리는 오래전부터 핵무기의 위협을 인식했으며, 요즘에는 모든 핵에너지에 대해 진지하게 문제를 제기하고 있습니다. 세계의 많은 사람들과 함께 교회들은 핵무기 없는 세상이 필수적이며 가능하다는 확신을 공유합니다. 핵무기 없는 세상을 향한 우리의 공통된 희망은 한반도에 사는 사람들뿐만 아니라 세상 모든 사람들을 위한 것입니다. 우리는 핵무기를 거부하고 핵무기의 완전한 해체를 위해 함께 노력하며 다른 지역을 안내하면서 길을 제시할 것입니다. 이와 같은 희망과 가능성 때문에 교회는 우리를 정의와 평화로 인도하시겠다는 하나님의 약속에 응답하기 위해 한반도의 평화와 화해를 위해 더 많이 노력해야 할 것입니다. "그는 우리의 화평이신지라. 둘로 하나를 만드사 원수 된 것 곧 중간에 막힌 담을 자기 육체로 허시고"(엡 2:14).

치유, 화해, 평화를 향한 길

1953년 7월 27일 정전협정으로 한국전쟁이 중단된 후 60년 동안, 남한과 북한, 미국, 중국은 핵무기 비축을 비롯한 방어적인 군사력 증강을 통해 기술적 측면에서 전쟁 상태를 계속 유지했습니다. 현재 상황으로 볼 때, 1953년의 정전협정은 평화조약으로 긴급하게 대체되어야 합니다.

평화조약을 체결하려면 새롭고 결정적인 조치가 필요합니다. 평화조약을 위한 과정은 한반도와 전체 동북아 지역에 매우 중요할 뿐만 아니라 이 지역을 핵무기 없는 지역으로 만드는 과정에도 기여할 것입니다. 평화조약은 정전협정의 당사국과 관련국들이 논의를 통해 합의를 해야 합니다. 우리는 당사국들이 함께 한국전쟁의 종전을 선언하는 것이 평화조약을 촉진시키고 상호 신뢰와 상호 간의 신뢰 구축에 기여할 것이라고 믿습니다. 6자 회담 참가국들은 정전 체제를 구체적인 평화 체제로 전환하기 위한 평화 포럼을 개최하기로 예전에 약속했습니다.(역주 9·19 공동선언) 우리는 남한, 북한, 미국, 중국에게 이 약속을 준수할 것을 강력히 촉구합니다. 아울러 미국과 일본은 북한에 대한 봉쇄와 제재를 중단해야 하며, 중국은 6자 회담을 비롯한 대화를 재개하기 위한 조정자 역할을 해야 합니다.

북한의 지속되는 인도적 위기를 고려할 때 우리는 국제사회가 북한 주민들에 대한 인도적 지원을 시작하고 북한과 협력하여 지속 가능한 개발 프로젝트를 실행할 것을 촉구합니다. 경제 제재는 일차적으로 한 국가의 국민, 특히 가난한 사람들을 어려움에 빠뜨리는 수단이 됩니다. 그러므로 우리는 북한에 대한 경제제재의 전략적 효과뿐만 아니라 윤리적 원칙에도 의문을 제기합니다. 우리는 이런 맥락에서 유엔 안전보장이사회의 일련의 대북 결의들에 우려를 제기합니다. 북한과 세계의 다른 국가들과의 경제 교류는 재개되어야 합니다. 이를 통해 효과적인 경제 협력의 장이 새롭게 열릴 것입니다. 무엇보다도 대화를 통해 관계를 정상화하기 위한 적극적인 참여가 촉진될 것입니다. 또한 유엔은 한반도에 평화를 건설하기 위한 노력을 시작하고 지금까지의 경제 및 금융 제재를 철회해야 합니다.

미래로 가는 길-권고안들

세계화되고 상호 의존적인 세계에서 평화를 건설하는 일은 주권국가들과, 유엔, 그리고 교회를 비롯한 시민사회 단체들의 공동 책임이라고 우리는 믿습니다. 2013년 10월 30일부터 11월 8일까지 대한민국 부산에서 WCC 제10차 총회로 모인 회원 교회들은 평화를 만드는 자가 되라는 그리스도교의 소명을 확신하며 한국사회에 희년을 선포한 한국교회의 신앙적 증언에 응답하면서 다음과 같이 다짐합니다.

1. 남북한 사람들과 함께 그들을 위해 기도할 때 우리는 교회와 에큐메니컬 협력 단체들이 남북한 교회와 그리스도인들, 한국기독교교회협의회와 조선그리스도교연맹 사이의 긴밀한 협력과 신뢰관계 속에서 한반도의 평화와 화해를 위해 새롭게 힘을 내어 함께 노력해야 한다는 구체적인 책임감을 느낍니다. 이를 위해 우리는 다음과 같이 다짐합니다.

a) 용기, 돌봄, 소통, 고백, 화해 및 헌신과 같은 도잔소 회의의 정신을 실천한다.

b) 8월15일 직전 주일을 '한반도 평화통일을 위한 기도 주일'로 지정하여 남북한 사람들 및 교회들과 함께 기도한다.

c) 남한과 북한의 젊은 세대들이 함께 만나서 한반도의 바람직한 미래를 구상하는 폭넓은 에큐메니컬 논의의 장을 제공한다.

d) 남북한 교회를 방문하는 연대 프로그램을 준비하여 평화를 만드는 자로서 다리역할을 감동하도록 한다. 첫 번째 방문은 역사적인 도잔소 국제회의 30주년을 기념하는 2014년에 조직할 수 있으며,

e) 남한과 북한의 교회들과 그리스도인들을 함께 만나서 화해와 평화를 진전시킬 수 있도록 공동의 장을 제공함으로써 남북한 교회들과 지속적으로 동행한다. 우리는 이런 선도적인 활동을 하기 위한 역사적으로 상징적 시기를 한국이 일제로부터 해방된 지 70주년이 되는 2015년이라고 본다.

2. 우리는 다음과 같이 행동할 것을 다짐합니다.

a) 우리는 각국 정부들과 협력하여 유엔 안전보장이사회로 하여금 한반도의 평화를 위해 새로운 노력을 시작하고 북한에 대한 기존의 경제 및 금융 제재를 철회하지 않으면 안 되도록 노력한다.

b) 1953년의 정전협정을 평화조약으로 바꾸어 전쟁상태를 종식시킬 폭넓은 캠페인을 시작한다.

c) 한반도에서의 군사훈련 중단, 군사개입 중지, 군비 축소를 통해 한반도의 평화를 구축하기 위한 창의적인 과정에 참여할 것을 이 지역에 있는 모든 외세들에게 요청한다.

d) 핵 없는 세상을 만들기 위한 조치를 취하고 동시에 전 세계 핵무기에 대한 인도주의적 금지를 주창하는 국제적 합의에 동참함으로로써, 동북아시아의 핵무기와 핵발전소들을 완전하고 검증가능하며 비가역적인 방식으로 제거하고 지구상의 어떤 지역에서도 생명이 더 이상 핵으로부터 위협을 당하지 않도록 한다.

e) 불의와 대립을 극복함으로써 정의와 인간 존엄이 살아 있는 인류 사회를 회복하고, 이산가족의 인도주의적 문제를 시급하게 해결하고, 이산가족의 소재 확인, 자유로운 서신 교

환과 방문을 가능하게 하는 지속 가능한 노력을 하고, 필요한 경우 국제기구의 지원을 제공함으로써 인류 사회를 치유하도록 남한과 북한 정부에게 촉구한다.

f) 비무장지대(DMZ)를 문자 그대로 평화지대로 전환하기 위한 국제적인 협력을 제공하는 일에 남북한 정부와 함께 협력한다.

인준사항

아래에 명기된 회원들과 모든 총대들은 이 선언문에 한반도와 관련된 특별한 문제인 소위 양심적 병역거부자의 고통이 포함되지 않은 점에 대해 이의를 제기하는 바이다.

독일복음교회(Evangelical Church in Germany)
발데시안교회(Waldensian Church)
형제교회(Church of the Brethren)
나이지리아 형제교회(Church of the Brethren in Nigeria)
콩고그리스도교회-콩고메노나이트수도회(Eglise du Christ au Congo-

Communaute mennonite au Congo)

독일 메노나이트교회(Mennonite Church in Germany)

네덜란드 메노나이트교회(Mennonite Church in the Netherlands)

연합친우회(Friends United Meeting)

카나다연례회(Canadian Yearly Meeting)

기독교대한감리회(Korean Methodist Church)

　_이은영

호주성공회(Anglican Church of Australia)

　_앨리슨 제인 프레스톤(Alison Jane Preston)

그리스도연합교회(United Church of Christ)

　_사라 캠벨(Sarah Campbell) 목사

그리스도연합교회(United Church of Christ)

　_켈리 패리치 루카스(Kelli Parrich Lucas) 목사

NCCK 북시리즈 004

지속가능한 한반도 평화를 향하여

2016년 4월 22일 초판 1쇄 발행
2016년 5월 12일 초판 2쇄 발행

엮은이 | 한국기독교교회협의회(NCCK)
지은이 | 서보혁 · 나핵집
펴낸이 | 김영호
펴낸곳 | 도서출판 동연
등 록 | 제1-1383호(1992년 6월 12일)
주 소 | (우 03962) 서울시 마포구 월드컵로 163-3
전 화 | (02) 335-2630
팩 스 | (02) 335-2640
이메일 | yh4321@gmail.com / h-4321@daum.net

ISBN 978-89-6447-311-5 03200
ISBN 978-89-6447-310-8 03200(세트)